목사님!
전도가
너무 쉬워요

목사님! 전도가 너무 쉬워요

- 초판 1쇄 발행 2010년 1월 4일
- 초판 69쇄 발행 2025년 11월 25일

- 지은이 손현보
- 펴낸이 정종현
- 펴낸곳 도서출판 누가

- 등록번호 제20-342호
- 등록일자 제2008. 8. 30.
- 주소 서울시 동작구 상도2동 186-7
- 전화 02-826-8802 팩스: 02-825-0079

- 정가 15,000원
- ISBN 978-89-92735-45-2

* 파본은 교환해 드립니다.
* 이 출판물은 저작권법에 의해 보호를 받는 저작물이므로 무단 복제할 수 없습니다.
* 독자의 의견을 기다립니다.
* Lukevision@hanmail.net

부흥 폭발하는 교회의 생생한 전도 이야기

목사님! 전도가 너무 쉬워요

손현보 지음

도서출판 누가

머리글

　　　　　　　　나는 교회 설립 40주년이 되던 때에 장년 20~30명이 출석하는 어촌교회에 15대 교역자로 부임했다.

　부임 첫날 설교를 하면서 '출석교인 100명'을 목표로 정한 뒤 기도하며 전도에 전념했더니 "반경 3Km 안에 사는 주민들을 다 합쳐야 300명 안팎인데 어디서 사람들이 오며, 30평도 안 되는 좁은 예배당에 어떻게 100명이 앉겠느냐. 주변 여건상 절대 불가능한 일이다."라고 말하던 비관적인 사람들의 생각을 뒤엎고 하나님은 3개월 만에 100명이 되게 하셨다.

　그 이후 2004년에 198명, 2005년에 258명, 2006년에 322명, 2007년에 418명, 2008년에 590명이 세례를 받았고, 2009년에는 전반기에 290명이 세례를 받았으며, 후반기에 400여 명이 세례 받을 준비를 하고 있다.

교회를 4차례 증축 및 건축을 하면서 부지 5000평에 3000석 규모의 예배당을 지어 예배드리고 있다.

지금도 거의 매주일 목회자들이 성도들과 함께 탐방을 오고 있다.

그분들이 교회를 둘러본 후 공통적으로 하는 말이 있다.

첫째는 "어떻게 이런 곳에서도 교회가 성장할 수 있느냐?"는 것이다. 35년간 그린벨트로 묶여진 어촌마을에 수 천 명이 모인다는 사실이 경이롭다는 것이다.

둘째는 "어떻게 전도를 그처럼 잘할 수 있느냐?"는 것이다.

매년 불신자를 전도하여 30%씩 성장하는 모습이 믿기지 않는다는 것이다.

셋째는 "어떻게 교회의 행정조직이 단순하면서도 역동적으로 움직일 수 있느냐?"는 것이다.

우리는 장로교 고신교단에 소속되어 있다.

교회는 당회만 조직되어 있고 제직회와 성가대, 남·여 전도회가 없다.

그런데도 부목사는 한 사람 뿐이다.

"모두가 자발적으로 잘하고 있다."고 말하면 "도대체 어떻게 그럴 수 있느냐?"며 되묻는다.

2009년 11월 현재까지 우리교회 장로님 가족이 전도한 사람이 1300명이라고 말하면 더욱 놀란다.

우리교회는 가정교회도 아니고 셀교회도 아니다.

그런데 가정교회 하는 사람은 가정교회 같다고 하고, 셀교회를 하는 사람은 셀교회 같다고 하며, 전통교회는 전통교회와 같은데 뭔가 2% 다르다고 말한다.

어디서 이런 것을 배웠느냐고 묻는다.

나는 배운 것도, 어디를 가본 적도 없다.

그냥 새벽기도 시간에 앉아서 기도하며 두 가지 질문을 늘 해왔다.

첫째는 "왜 안 될까?"이다.

"왜 사람들은 교회에 오지 않을까?"

"왜 구역이 자라지 않을까?"

"왜 저 사람은 예수를 믿지 않을까?"

둘째는 "그럼 어떻게 해볼까?"이다.

그 방법을 찾아 실천해 보았다.

예를 들면, 구역이 잘 안 모이고 성장이 되지 않았을 때 이유를 물어보니 재미가 없다는 것이다. 그 중에서도 예배가 가장 재미없다고 말했다.

그럼 어떻게 하면 재미있겠느냐고 물어보니, 먹고 교제하는 것은 재미있다고 했다. 그래서 구역은 예배를 드리지 말고 일단 먹고 교제만 하라고 했다.

얼마 동안은 좋았지만 문제가 생겼다.

사람들마다 먹고만 헤어지는 것이 뭔가 이상하다는 것이다.

그래서 "어떻게 할까?" 생각하다 간증을 하게 되었고, 이것으로 구역은 기적처럼 성장이 되었다.

작년 한 해 동안 우리교회는 매 구역마다 평균 12명이 세례를 받았다.

이 촌에서 경이로운 부흥이 아닐 수 없다.

오직 우리 하나님의 은혜와 긍휼에 감사할 뿐이다.

전심으로 하나님을 섬기고, 이웃을 섬겨온 우리 교우 한사람, 한 사람에게 감사를 드린다. 그들을 생각하면 지금도 눈물이 난다.

교인들을 돌보고, 남편을 하나님처럼 섬기고, 자녀들을 훌륭하게 양육해온 우리 '천사 사모'인 아내에게 진심으로 감사를 드린다.

이 책을 통하여 한 사람을 전도하는 데 미력하나마 도움이 될 수 있다면 더 바랄 것이 없겠다.

차례

머리글 …4

왜 안될까, 그러면 어떻게 할까

젓갈 파는 여전도회, 개 키우는 남전도회 …13
5% 성장은 어려워도, 30% 성장은 가능하다 …26
기적이 일어나는 통로 …41
포기하지 않으면 기회는 온다 …54
절에서 다니는 신학대학생 …65
가물치 전도법 …91
종교 활동 다녀오겠습니다 …98
고추밭을 뽑힌 권사님 …106
하나님 아버지의 소원 …117

부흥 폭발하는 교회
새신자를 배려한 예배, 결단으로 이끄는 예배 …133
가족 같은 교회, 형제 같은 직분자 …142
하나님이 세우신 권위에 순종하는 성도 …152
세계에서 벌금이 가장 많은 제자훈련 …162
전도가 생명인 구역 …165

복된 인생이 되는 공공연한 비밀
최대 능력의 10배를 목표로 기도하라 …195
꿈을 디자인하라 …198
넓게 입을 열어 기도하라 …223
하나님의 애원 …226
낙망하지 말라 …230
포기할 상황을 이겨야 리더십이 생긴다 …242

왜 안될까.
그러면 어떻게 할까

오직 성령이 너희에게 임하시면 너희가 권능을 받고
예루살렘과 온 유대와 사마리아와 땅 끝까지 이르러
내 증인이 되리라 하시니라

(사도행전 1:8)

젓갈 파는 여전도회,
개 키우는 남전도회

 전도사 시절 바닷가 29평

자그마한 교회에 처음 부임을 받았다. 설립 40년째 된 교회였는데, 집사람과 나를 포함하여 장년 24명, 몇 명의 학생과 청년들이 마루로 된 예배당에서 함께 첫 예배를 드렸다. 젊은 가정이 세 가정이었고, 그 외에는 거의 연로하신 어르신들이었다.

한 달 정도 되었을 즈음, 남전도회에서 월례회가 있으니 설교를 해달라고 부탁했다. 가보니 결혼한 지 얼마 되지 않는 젊은 집사님부터 곧 돌아가실 것만 같은 할아버지까지 모두 7명이 모여 있었다. 짧게 5분 설교를 한 후 옆에 앉아 회의 진행상황을 지켜보았다.

총무가 나와서 남전도회 1년 사업내용을 보고했다. 인원이 많지 않다 보니 전체 회원들이 해마다 3분의 1씩 나누어 돌아가면서 임원을 맡는 듯 보였다.

'과연 이 교회에서는 어떤 사업들을 할까?'

궁금하여 관심 있게 귀 기울여 들었다.

총무가 보고를 한다.

"예년과는 달리 이번 임원들은 선출되자마자 큰 꿈을 안고 5천원씩 회비를 걷어 강아지를 한 마리 샀습니다. 지금 ○집사님 집에서 그 강아지를 몇 개월 동안 키우고 있는데 아주 잘 크고 있고, 이제는 제법 통통하게 살이 쪄서 우리의 계획대로 될 것 같습니다."

총무의 보고가 마치자 모여 있던 남전도회 회원들이 박수를 치면서 잘 되었다고 격려해 주었다.

'그 다음 보고사항은 뭐지?'

기다리는데 그것이 연간 사업보고의 전부였다.

도무지 믿을 수 없는 현실 앞에서 한참 동안 곰곰이 생각해봤다.

'남전도회 1년 사업이 강아지 한 마리 키우는 것이고, 지금 그 개가 토실토실 살이 쪘다고 모든 회원들이 좋아하며 박수를 치고, 잘했다고 하는데 이 게 도대체 무슨 일인가?'

아무리 이해해 보려고 노력해 봐도 설명이 되지 않았다. 도저히 안 되겠다 싶어 총무 집사님께 물어보았다.

"집사님, 그 강아지를 키워서 뭘 하려고 하십니까?"

"아휴, 전도사님! 강아지를 잘 키워야 합니다. 이번 여름에 우리 남전도회가 장유 폭포에서 부부 동반 친목 모임을 가질 예정이거든요. 그 때 그 개를 잡아서 함께 먹고 교제하는 것이 올해 남전도회의 주요사업입니다. 그 일을 위해서 회비를 걷어 강아지를 샀고 월례회 때마다 강아지가 얼마나 자랐는지 보고하고 있습니다."

이해해 보려고 물었고 설명도 들었는데, 막상 듣고 나니 오히려 머릿속이 더 복잡해졌다. 그래서 결론을 내렸다.

'이 교회 남전도회는 완전히 개판이구나! 이런 개판인 남전도회가 하나님의 교회의 주체가 되다니…. 이대로 계속 된다면 이 교회는 머지않아 망하겠구나. 예수님께서 피 흘려서 세우신 교회, 하나님으로부터 귀한 직분을 맡은 남전도회의 1년 사업이 고작 개 한 마리 사서 그 개를 잘 키워서 잡아먹는 것이란 말인가? 이런 남전도회가 존재하는 한 이 교회에 하나님의 능력과 역사는 임할 수 없다. 이 남전도회를 없애버려야 하겠다.'

개 한 마리 키우는 데에는 모두 관심을 집중하면서 영혼구원에는 도무지 무관심한 남전도회 회원들이 참으로 답답했다.

한두 주 정도 지났을 무렵, 이번에는 여전도회가 월례회를 했다. 여전도회는 남전도회보다 인원이 많아 열 댓 명이 모였다. 그 때도 짧게 설교를 한 후 '여전도회 상황은 다르겠지.' 하는 기대를 가지고 옆에 앉아있었다.

남전도회는 총무 한 사람이 나와 보고하는 반면, 여전도회는 서기도 있고, 회계도 있고, 제법 임원진이 구성되어 있었다.

먼저 서기가 나와서 회원 호명을 했다.

그 다음에는 회계가 앞으로 나왔다.

회계의 보고 내용을 들어보니 이렇다. 지난 겨울, 여전도회에서 70속들이 낙동 김을 한 박스 사서 회원들에게 팔라며 얼마씩 나눠주었나 보다. 그런데 아직까지 원금이 걷히지 않아서 힘들다고 한다. 그러더니 원금을 내지 못하고 있는 회원들의 이름을 한 명, 한 명 부른다.

한 집사님이 앞 의자를 탁 치면서 화를 버럭 낸다.

"그럼 팔리지 않는 것을 우짜라꼬? 도로 갖고 가이소."

"아니, 지금이 몇 월인데 이제 와서 그런 말을 하면 우짭니까? 날짜 지난 김을 누가 묵으라꼬예?"

언쟁이 붙기 시작했다. 겨우 분위기를 가라앉힌 후 다음에는 젓갈 사업으로 넘어갔다. 완도에서 5킬로그램짜리 젓갈 30통을 가지고 와서 김과 마찬가지로 몇 개씩 나눠주고 팔라고 했는데 아직도 젓갈 값이 걷히지 않아 완도에서는 자꾸 돈 달라는 독촉 전화를 하니 힘들다고 한다. 그러더니 이번에도 젓갈 값을 내지 않은 사람들의 이름을 부른다.

한 회원이 따져 묻는다.

"생각해 보이소. 여기도 바닷간데 그게 팔립니꺼? 팔려고 했지만 팔리지 않는 것을 우린들 어떻게 하라꼬예?"

들어보니 이렇게 싸우는 것이 하루, 이틀 일이 아니라고 한다. 월례회 하다 말고 싸움이 벌어져서 제대로 끝마무리도 하지 못하고 뿔뿔이 흩어진 것이 한두 번이 아니라고 했다.

뜨거운 열정을 가지고 부임 받은 첫 교회에서 한 달도 되지 않아 이런 여전도회의 모습을 보니 참으로 답답하기 그지없었다.

여전도회 임원들을 불러서 물었다.

"교회에서 무엇 때문에 이런 장사를 하고, 큰소리가 나게 합니까? 그렇게 해야만 하는 이유가 있습니까?"

"전도사님이 모르셔서 하시는 말씀인데, 이렇게라도 해야 교회 숟가락이라도 하나 사고 밥그릇이라도 하나 삽니다. 여전도회가 이렇게 하지 않으면 누가 교회 살림을 삽니까? 또 그렇게 해야 전도사님 생신 때 뭐라도 해드리지 않겠습니까? 우리 교회는 여전도회가 없으면 안 돌아갑니다."

장사를 해서 돈을 모아야 교회의 필요한 것들을 구비할 수 있기 때문에 여전도회에서 이런 일들을 하지 않으면 안 된다는 말이었다.

얼마 후, 생일이 돌아왔다. 한 여 집사님이 내게 잠시 교회와 붙어있는 어느 집사님 댁으로 오라고 한다. 영문도 모르고 따라 들어가 보니 생일밥상이 차려있다.

"전도사님! 생신 축하합니다."

생일상을 보면서 얼마나 화가 났는지 모른다.

내가 의외의 표정을 짓자 놀란 집사님들이 묻는다.

"전도사님, 왜 그러십니까?"

"언제 제가 생일밥상 차려달라고 했습니까? 아니 이런 것 하려고 김 팔고, 젓갈 팔고, 교회 안에서 싸움했습니까?"

상을 엎어버리겠다고 달려들자 거기 있던 모든 사람들이 말려 그냥 돌아왔지만, 그때부터 지금까지 단 한 번도 생일을 지켜본 적이 없다.

참 서글펐다.

왜 신앙생활을 하는지 모르는 이들을 보니 가슴이 아팠다.

그런데 생각해보면 이렇게 헛된 일에 집중하는 교회가 얼마나 많은가? 교회의 관심과 예수님의 관심이 불일치하여 덜그럭 거리는 교회가 어디 한 두 교회인가?

'한국 교회가 완전히 타락했구나. 한국 교회가 마귀의 꾐에 빠졌구나.'

하나님의 말씀에는 확실하고 강한 능력이 있다. 이것이 강력한 복음의 능력이다. 때문에 아무도 믿지 않을 것 같지만 복음을 전하면 하나님의 능력이 나타난다. 하나님의 말씀이 증거 되면 그 말씀을 따라서 성령님이 들어가시고, 성령님이 그 마음을 바꾸면 그 영혼도 반드시 달라지고 변화된다.

이 일이 이루어지려면 먼저 그리스도인들이 믿지 않는 자들을 만나야 한다. 만나서 전도할 때 기적이 일어난다.

"내 죄 때문에 예수님이 십자가에서 돌아가셨습니다."

믿는 자들이 직접 나가서 이처럼 복음을 증거할 때 하나님은 참으로 기뻐하신다.

복음의 능력이 얼마나 강력하고 큰지는 마귀도 안다. 그래서 그 엄청난 역사가 일어나지 못하도록 무슨 수를 써서라도 막으려고 한다. 성도들이 복음의 능력을 잃어버리도록, 복음을 전하지 못하도록 온갖 일들을 조장한다.

그 방법 가운데 하나가 교회 안에서 장사를 하게 하는 것이다. 교회 안에서 장사를 하면 그것이 마치 하나님의 가장 귀한 사업인 양 온 교인들이 집중하게 되니 마귀 입장에서는 자신의 뜻대로 되는 성도들을 보면서 얼마나 좋겠는가? 장사하고 사업하느라 시간을 허비하는 것도 고마운 일인데, 싸움까지 하니 마귀에게는 춤 출 만큼 기쁜 일 아니겠는가?

남전도회와 여전도회의 모습들을 보면서 하나님께 회개했다.

"하나님, 잘못했습니다. 하나님의 교회가 복음의 능력을 잃어버리고 마귀에게 속고 말았습니다."

하나님께서는 효과적으로 복음을 전하라고 교회를 세우셨고, 그 안에 각 기관을 두셨다. 우리에게 주신 모든 직분, 하나님 이름으로 모인 그 어떤 기관도 가장 중요한 목적은 '복음전파'이다. 구제를 하든, 봉사를 하든, 어떤 사역을 하든, 그것 자체가 목적이 되어서는 안 된다. 반드시 복음전파가 가장 중요한 목적이 되어야 한다.

하나님의 나라에는 능력이 있다.

하나님의 나라에는 권능이 있다.

폭탄을 보라. 어린아이든, 어른이든, 안전핀만 뽑아서 던지기만 하면 폭발하여 적을 소탕한다. 복음도 마치 이와 같다. 누가 전하든, 전하기만 하면 폭발하는 힘이 있다.

"오직 성령이 너희에게 임하시면 너희가 권능을 받고 예루살렘과 온 유대와 사마리아와 땅 끝까지 이르러 내 증인이 되리라 하시니라"(행 1:8)

"성령으로 아니하고는 누구든지 예수를 주시라 할 수 없느니라"(고전 12:3)

폭탄과 같은 하나님의 능력이 이미 예수 믿는 자들에게 임했다.

믿은 지 얼마 되었는가 하는 것은 중요치 않다. 오늘 예수님을 믿기로 결단한 자일지라도 복음을 가지고 나가서 전하기만 하면 능력이 임한다.

그런데 많은 그리스도인들이 하나님이 주신 능력을 사용하지 않고 지니고만 있다. 전혀 관심을 기울이지 않고 엉뚱한 곳에만 신경을 쓴다. 그렇기 때문에 하나님의 나라는 어마어마한 무기가 있음에도 불구하고 그 무기를 사용해보지도 못하고 침체하는 반면, 마귀의 나라는 번성하는 것이다.

우리가 하나님의 말씀을 듣고 나가서 복음을 전파할 때 역사는 하나님이 이루신다. 성령님이 행하신다. 내 능력이 아니다. 하나님 말씀을 듣고 성령 받은 백성이 나가서 하나님의 복음을 전파하면 전하는 자가 할머니든, 어린 아이이든 그를 통해서 기적이 일어난다.

우리교회의 영원한 고향이자 교과서는 초대교회다. 성경을 보라. 초대교회가 장사한 적이 있는가? 여전도회가 장사해서 숟가락, 밥그릇 사 모은 초대교회가 있는가? 우리교회가 본질을 추구하지 않기 때문에 하나님의 교회는 능력이 떠났고, 성도들은 하나님의 말씀이 떠나 엉뚱한 일에 집중하는 것이다.

남전도회든, 여전도회든 장사나 바자회와 같은 일들을 하기 위해 계획을 세우고 회의할 시간이 있다면 그 시간에 복음을 들고 나가서 이웃을 만나보라.

"우리교회 한 번 와 보십시오."

"우리교회에 와서 우리 목사님 설교 한 번 들어보십시오."

"예수 믿어야 영원히 살 수 있습니다."

"예수님 믿으면 얼마나 좋은지 모릅니다."

복음을 전할 때 하나님의 능력이 나타난다.

기도하고 고심한 끝에 그 교회에 부임한 지 얼마 되지 않아서 남전도회와 여전도회를 모두 폐지시켜 버렸다.

어떤 사람들은 묻는다.

"너무 과격한 것 아닙니까?"

사실 한국교회가 시작될 때에는 남전도회와 여전도회가 교회에 반드시 필요한 기관이었다. 그 때 우리 믿음의 선조들은 '전도회'를 조직하여 무엇을 했는가? 남 성도들끼리 모여서 전도했다. 여성도들끼리 모여서 기도하고 복음을 전했다. 그래서 명칭도 '남전도회' '여전도회'이다. 두 전도회 모두 애초에 그런 의도를 가지고 세워진 기관이다.

하지만 지금은 그 조직과 명칭만 내려올 뿐이지 실제로 그와 같은 일들은 하지 않는다. 남전도회 회장들이 1년에 몇 명이나 전도하는가? 대형교회들을 보면 한 교회 안에도 남전도회와 여전도회의 수가 100개도 넘는다. 자연히 회장 또한 100명이 넘는다. 그런데 과연 한 교회 안에 100명이 넘는 회장들이 필요한가?

이 땅의 교회의 '전도회'는 더 이상 전도회가 아니라고 판단했다. 복음에 중심하지 않는 기관이라면 없애는 것이 옳다고 판단했다. 그래서 과감한 결정을 내렸다.

복음에 도무지 관심 없는 조직을 위한 조직, 기관을 위한 기관이 세워지면 그 곳은 교회가 아닌 거대한 조직 덩어리에 불과하다. 교회 안에 조직을 위한 조직이 있는가? 방치하지 말자. 기존에 있던 조직과의 충돌이 두려워서 계속 놔둔다면 머지않아 그 교회는 무너지게 될 것이다. 조직 중심의 교회가 아닌 사람 중심의 교회가 되어야 한다.

12사도들을 보라. 그들이 조직을 먼저 세우고 사역했는가? 하루에 3000명, 5000명 사람들이 모이니까 그들을 잘 섬기기 위해서 조직이 생겼다. 이처럼 사람이 최우선이다.

조직은 교회가 성장한 후 애초 교회의 본질에 맞도록 세우면 된다. 그런데 대부분의 교회는 성도들도 없는데 조직을 세우고 예산부터 편성한다. 이렇게 하다 보니까 교회의 힘이 분산되어 제대로 사역에 집중하지 못하게 되는 것이다.

남전도회 1년 사역이 개 잡아먹는 것이 전부였고, 여전도회는 김 팔고 젓갈 파는 일이 전부였다. 이 일을 하려고 회원들에게 회비를 걷었고, 헌신예배를 드려서 헌금을 걷었다.

우리교회는 남전도회, 여전도회, 성가대가 없기 때문에 1년 내내 헌신예배가 한 번도 없다. 관행적으로 드려지는 헌신예배 헌금에 대해서도 한번 생각해볼 필요가 있다. 새신자들 입장에서 볼 때 낮 예배 때에도 헌금하라고 하고, 저녁예배 때에도 헌금하라고 하고, 그렇게 예배시간마다 낮이고, 밤이고 헌금바구니를 돌린다면 그 교회에 가고 싶겠는가?

관행적으로 헌신예배를 드리고 헌금을 걷는다고 할지라도 사실

많은 헌금이 드려지는 것도 아니다. 헌신예배가 하도 자주 있으니까 1000원짜리 정도이지, 수표 내는 사람도 없다. 1년 내내 헌신예배를 드려서 헌금을 걷어도 천만 원도 나오지 않는데 도대체 무엇 때문에 헌신예배 헌금을 걷는가?

남전도회, 여전도회 회원들이 모여서 밥 사먹으라고 헌금을 걷겠는가?

도무지 헌신하지 않고, 걷혀진 헌금만 가지고 뭔가 하려고 한다면 그 기관은 없애야 한다. 이런 기관이 교회에 많으면 많을수록 그 교회는 죽게 된다. 자발적으로 생존할 수 없는 기관이라면 저절로 없어지게 내버려 두는 편이 현명하다.

그래서 우리교회에는 안 되는 기관은 존재할 가치가 없으므로 없앴다. 많은 지원을 받아야만 유지되는 기관 역시 과감히 없앴다. 생존할 수 없는 기관을 없애고, 자성하려고 힘쓰고 애써 일하는 기관은 교회에서 집중적으로 지원해줘서 더 많은 일을 할 수 있도록 도와준다.

우리교회는 기관이나 우리 자신을 위해 헌금을 쓰는 대신, 지역 주민들을 위해서 뜻 깊은 일을 많이 하기 원한다. 그래서 시행하고 있는 사역 가운데 하나가 노인들을 위한 개안수술이다. 마산, 창원, 진해, 김해, 부산 지역에 광고를 내서 신자든지, 불신자든지 상관하지 않고 정해진 인원에 한해서 개안수술을 해드렸다.

그랬더니 신문사, 잡지사 등 각종 언론사들이 어디서 소문을 들었는지 찾아와서 인터뷰를 하더니 많은 지면을 할애하여 기사로

보도했다. 그렇게 매년 1000명씩 개안수술을 해주면서 복음전파에 일조를 하고 있다. 의료공단에서 지원하는 금액을 뺀 개인부담금이 약 20만원 정도인데 이 비용을 교회에서 전액 부담해드린다. 기관이나 성가대에 편성된 예산으로 지역 주민들의 개안수술을 해준다면 한 영혼이라도 더 교회에 나오지 않겠는가?

한 해는 평생 동안 한 번도 해외에 나가보지 못한 어르신들을 모시고 금강산 여행을 했다. 어르신들이 얼마나 좋아하시는지 모른다.

"세상에, 예수도 믿지 않는 우리들을 데리고 이렇게 좋은 곳까지 여행을 시켜주다니…."

입에서 입으로 좋은 소문이 퍼졌다.

원래는 작은 교회였지만, 조금씩 지경을 넓히다 보니 급기야는 동네 반을 차지하게 되었다. 이제는 동네 한 복판에 5000평 대지를 구입해서 교회를 짓는데, 다른 곳 같으면 아마 투서도 들어가고 반대 시위도 일어나 순조롭게 건축할 수 없었겠지만 우리교회는 단 한 건도 이런 일이 일어나지 않았다.

기관이든, 직분자이든 오직 하나, 복음전파에 집중하라.

'어떻게 하면 효과적으로 복음을 전할 수 있을까?'

복음 전파를 위하여 필요한 경비가 있다면 교회에서 지원했다. 하지만 회식비 같은 것은 교회가 일절 지원하지 않았다. 하나님 교회의 귀한 헌금이 성도들끼리 밥 사먹는데 사용된다면 우습지 않은가? 그 비용으로 엄청난 하나님의 역사를 이룰 수 있는데 성도들의 회식 같은 곳에 헌금이 누수 된다면 얼마나 안타까운 일인가? 부득불 회식이 필요하다면 자비를 내서 하는 것이 옳다고 생각한다.

왜 교회가 세상 사람들에게 우습게 보여지게 되었는가?

왜 교회가 능력을 잃어버렸는가?

복음전파에 대한 본질을 잃어버렸기 때문 아닌가?

하나님의 말씀에는 능력이 있다. 때문에 어부였던 베드로가 복음을 전하자 생명구원의 기적과 능력이 나타났다. 누구라도 복음을 전하기만 하면 이와 같은 일이 일어난다. 이것이 복음의 능력이다. 그런데 왜 오늘날 교회 안에 이와 같은 하나님의 역사가 일어나지 않는가? 하나님이 변하신 것인가? 아니다. 하나님은 예전이나 지금이나 조금도 변함이 없으시다. 문제는 우리가 하나님의 능력을 믿지 않고 엉뚱한 길로 빠져서 도무지 복음은 전하지 않고 잘못된 신앙생활을 하기 때문이다.

'어떻게 하면 복음을 전할 수 있을까?'

복음전파에 전 교회와 기관들이 관심을 집중해 보라.

1년 동안만이라도 지역 주민들을 섬기고, 복음 전파에 힘쓴다면 이웃들에게 교회의 이미지는 더 없이 좋아질 것이다.

'과연 어떤 교회가 이렇게 좋은 일을 하지?'

이웃들이 교회를 향하여 긍정적인 궁금증을 갖기 시작할 것이다.

하나님의 소원이며 교회의 존재 목적인 복음 전파에 관심을 기울이는 교회가 될 때 저절로 성장할 것이고, 날마다 기적을 맛보게 될 것이다.

5% 성장은 어려워도, 30% 성장은 가능하다

 "5%의 꿈은 이루기 어려워도 30%의 꿈은 이루기 쉽다." 5%를 꿈꾸는 자는 항상 쩨쩨하게 생각한다. 주어진 환경에서 대충 이루려고 한다. 하지만 30% 성장은 그런 식으로는 되지 않는다. 그러다보니 생각의 혁신이 일어난다.

기업도 보라. 5% 성장을 목표로 세울 때에는 전기 사용을 줄이고, 인건비를 줄이는 등 소극적으로 대처한다. 하지만 30% 성장을 목표로 세우게 되면 그것만으로는 안 되기 때문에 혁신적인 사고의 혁명이 일어난다. 방법부터 달라지는 것이다.

전도도 마찬가지다.

많은 교회들이 연초마다 다음과 같은 전도 슬로건을 내세운다.

'한 사람이 한 명 전도하여 배가하자.'

상식적으로만 생각하면 한 해에 한 명씩 전도하면 쉽게 배가부

홍이 될 것 같다. 하지만 실제로는 불가능하다. 이런 플랜카드 걸고 전도하는 교회 치고 정말 배가로 부흥하는 교회를 보았는가? 나는 아직까지 못 보았다. 왜 그런가? 전도 대상자로 한 명만 고르려고 하기 때문이다. 그런 마음으로 전도대상자를 고르다 보면 이 사람은 이래서 안 될 것 같고, 저 사람은 저래서 안 될 것 같다. 전도대상자는 제한 없이 많이 정해야 한다. 조건 없이 될 수 있는 한 많은 전도대상자를 정할 때 이 사람은 이래서 전도해야 할 것 같고, 저 사람은 저러니까 전도할 수 있을 것 같다.

처음 부임 받은 교회에서 장년 24명 성도들과 함께 첫 예배를 드리던 날, 설교하는 가운데 하나님이 주신 감동에 따라 교회의 비전을 선포했다.

"우리교회의 목표는 100명 성도들이 함께 예배드리는 것입니다. 100명이 모일 수 있도록 전도합시다."

내가 이처럼 담대하게 선포할 수 있었던 것은 하나님께서 이미 내 삶 가운데 놀라운 일을 행하심을 경험했기 때문이다.

고등학교 1학년 때 아무 것도 모르는 내가 '무척산' 기도원 밑에 있는 작은 '생철리 교회'에서 주일학교를 맡게 되었다. 본디 내 자리는 아니었지만 내 앞에 맡아서 사역하던 분이 입대하는 바람에 엉겁결에 직분이 주어진 것이다.

아무 것도 모르는 내가 주일학교를 맡다 보니 30명이 넘게 모이던 아이들이 17명으로 줄었다.

전도사님이 나를 부른다.

"손 선생님, 손 선생님이 맡고 난 다음에 아이들의 숫자가 많이 떨어졌다면서요?"

그 말을 듣는데 얼마나 창피하던지 마치 누군가가 뒤통수를 망치로 때리는 것만 같았다.

그리고 얼마 후 전도사님이 믿음에 대한 설교를 하셨다. 그런데 말씀을 듣는 가운데 문득 이런 생각이 들었다.

'에라, 모르겠다. 하나님이 행하신다면 한번 믿고 선포해 버리자!'

오후예배 시간 때 아이들을 불러놓고 설교를 했다.

"오늘 17명이 나왔는데, 우리가 하나님을 믿고 선포하면 다음 주에는 배가 될 거야. 기도하면 하나님이 이루어 주셔. 다 같이 '아멘' 하자."

기도하면 된다면서 열정적으로 설교하니까 아이들도 반 억지로 대답한다.

"아멘!"

아이들과 함께 주님을 외쳐 부르며 기도했다.

주중에 열심히 전도하니 정말로 그 다음 주일에 정확하게 34명이 왔다.

놀랍지 않은가? 정말 기도한 대로 이루어주셨다.

"봤지? 다음 주는 68명이다! 알았지?"

아무리 생각해도 잘될 것 같지 않았지만, 일단 큰소리치면서 일을 벌여놓았다.

아이들과 통성으로 기도하고 주중에는 열심히 전도했다.

주일이 되었다. 새벽부터 장대 같은 소나기가 쏟아진다. 얼마나 비가 많이 퍼붓는지 새벽기도조차 가지 못할 정도이다.

'이렇게 비가 많이 오는데 누가 교회에 오겠나? 아이들은 고사하고 나도 새벽예배를 나갈 수 없겠네. 아이들에게 그렇게 큰소리를 뻥뻥 쳤는데 어떻게 교회에 가지?'

걱정하면서 잠시 잠이 들었는데 그 새 꿈을 꾸었다.

꿈에서 내가 본당에 들어서는데 아이들로 꽉 차 있는 것이 아닌가?

전도사님이 앞에 나와서 이렇게 말씀하셨다.

"이렇게 많은 친구들이 교회에 나오게 된 것은 여러분과 손현보 선생님이 함께 기도했기 때문입니다."

놀라 잠에서 깨어났다.

주일학교 예배시간이 다 되어가는데 소나기는 멈출 기미가 보이지 않았다. 지난주에 그렇게 68명을 외쳤는데 68명은 고사하고 기존에 나오던 17명 아이들조차 나올지 말지 한 형편이다. 부끄러워서 도무지 교회에 갈 수가 없었다. 그래서 주일학교 설교를 맡았으면서도 교회에 가지 못했다.

어른 예배 시간이 되었다. 주일 예배는 드려야 하겠기에 마지못해 교회에 가려고 나섰다. 비도 어느 정도 잦아져서 이슬비 정도만 내린다.

교회에 들어서자마자 전도사님이 나를 부른다.

"손 선생! 오늘 왜 주일학교 예배 때 안 왔습니까?"

가슴이 쿵쾅거렸다.

"오늘 몇 명 왔는지 알아요?"

"모르겠습니다."

'아이쿠, 정말 큰일이네. 드디어 올 것이 왔구나.'

그 때 전도사님이 말씀하셨다.

"68명이 나왔어요."

어린 아이들을 모아놓고 반은 믿음으로, 반은 협박하듯 기도했는데 하나님께서는 그 기도도 들어주셨다. 만일 새벽에 그런 꿈을 꾸지 않았다면 어쩌면 우연이라고 생각할지도 모르겠다. 하지만 하나님은 내 믿음 없음을 아시고 꿈을 통해서 그리고 현실을 통해서 믿을 수밖에 없도록 확실하게 보여주셨다.

그 때 나는 확신했다.

'하나님께서 내 기도를 들으시는구나.'

기도를 들어주시는 하나님에 대한 믿음이 확실해지니까 그 다음부터는 내 인생에서 겁나는 것이 없게 되었다. 이 일은 목회 여정 내내 큰 위로와 힘이 되었다.

'내가 하나님을 신뢰하고 믿음으로 구하면 인간은 연약할지라도, 하나님은 자신이 하신 말씀이 있기 때문에 반드시 이루시는구나.'

첫 예배를 마친 후 강단에서 내려오는데 한 분이 나를 붙잡았다.

"전도사님, 그렇게 기도했다가 되지 않으면 어떻게 하시려고 그러십니까? 우리교회는 100명이 될 수 없습니다."

"왜요?"

하나님께서 주신 감동에 순종하여 설교 가운데 '100명' 비전을 선포했지만, 나 역시 전혀 의심이 없었던 것은 아니었다. 그런데 그분이 하도 확신에 찬 목소리로 안 된다고 하니까 도대체 그 이유가 뭔지 궁금해졌다.

"첫 번째로 우리교회는 100명이 앉을 자리가 없습니다. 두 번째로 제가 그래도 우리 마을의 유지인데, 아들 녀석이 결혼할 때 참석해 준 동네 사람이 100명이 되지 않았습니다. 그런데 어떻게 우리교회에 예수 믿으려고 100명이 오겠습니까? 도저히 안 됩니다."

교회가 작다며 환경을 탓하고, 지난 경험에 비추어 꿈도 꾸지 말라고 한다.

"안되든, 되든 그것은 하나님께 맡기고, 우리는 기도하고 전도하십시다."

그런 말을 듣게 되자 하나님을 기쁘시게 하는 소원을 가지고 기도하면 틀림없이 하나님께서 이루어주실 것이라는 믿음에 오기까지 더하여져서 도저히 포기할 수 없는 분명한 목표가 되었다.

젊은 두 집사님에게 부탁했다.

"저는 지금 막 부임했기 때문에 교인들의 이름도 잘 모를 뿐만 아니라, 이 지역 사람들의 이름은 더더군다나 모릅니다. 중학생 이상으로 우리교회에 단 한 번이라도 왔다 갔던 사람들과 우리교회 성도 가운데 믿지 않은 가족이 있으면 그 이름을 모두 적어주십시오."

두 사람이 2시간 동안 머리를 맞대어 서로 물어보고 의논하더니

A4용지 앞면에는 한 번이라도 교회에 나온 사람들의 이름을 적고 뒷면에는 교회에 나오지 않는 가족들의 이름을 정리하여 건네준다.

종이에 적힌 사람들이 모두 몇 명이나 되는지 세어보니 대략 100명 정도다.

오후에 성도들에게 그 종이를 복사해서 나눠주면서 말했다.

"여러분, 온 성도들이 여기 적힌 분들을 위해서 함께 기도하십시다. 기도하면 분명히 하나님께서 들어주실 것입니다."

교인들이 돌아간 후 교회를 청소하는데 많은 성도들이 그 종이를 아예 가지고 가지도 않았다.

'안 되겠다. 나부터 시작하자.'

다음날부터 새벽예배를 모두 마친 후 강대상 뒤로 가서 종이에 적힌 이름을 한 사람, 한 사람 고래고래 불러 외쳐가며 큰 소리로 기도했다.

"○○○이 예수님 믿고 구원 받게 해 주십시오."

작은 교회에서 얼마나 시끄럽게 기도했던지 새벽예배에 나오시던 여섯 분의 할머니가 뭐라고 하신다. 심지어 한 할머니는 버럭 화를 내시며 문을 탁 열고 교회 밖으로 나갔다.

한 사람, 또 한 사람….

10분 정도 지났을까? 교회 안을 둘러보니 모두 돌아가고 나 혼자뿐이다. 그럴지라도 기도를 멈출 수는 없었다. 얼굴 한 번 본 적 없는 사람들이었지만, 아는 것이라고는 이름이 전부였지만, 더더욱 한 사람 한 사람 이름을 부르며 소리 높여 기도했다. 1시간 정도 기도하니까 100명을 위한 기도가 끝났다.

교회가 길가에 있는데다 그 때만 하더라도 벽돌만 가지고 얇게 건물을 짓다 보니 기도소리가 밖으로 새어나갔다. 일주일 정도 지나자 온 동네에 소문이 자자하다.

"이번에 오신 교회 전도사님은 기차 화통을 삶아 먹었는지, 얼마나 고함을 치는지 모르겠다."

교인들 사이에서도 원망의 소리가 높았다.

"기도를 하려고 해도 전도사님 기도 소리 때문에 시끄러워서 기도가 되지 않는다."

"이젠 새벽기도도 못 나가겠다."

심지어 직접 찾아와서 뭐라고 하는 사람도 있었다.

"꼭 그렇게 큰 소리로 고함을 지르면서 기도해야 합니까? 전도사님이 계속 그렇게 기도하시면 아무도 새벽기도에 나오지 않겠다고 합니다."

나의 간절함을 몰라주는 성도들로 인하여 속상했지만, 참고 계속 하던 대로 기도했다.

그리고 한 술 더 떴다.

낮에는 할머니 한 분을 모시고 마을을 돌면서 종이에 적힌 사람들의 집이 어딘지 알아냈고, 저녁 9시 뉴스를 보고 난 다음에는 또 교회로 가서 철야기도를 드렸다. 그 때에도 새벽예배 때처럼 크게 이름을 부르면서 기도했다.

기도를 마치면 밤 12시 쯤 된다. 초봄 밤, 쌀쌀한 날씨에 털외투를 입고 낮에 할머니와 함께 미리 알아둔 집 앞에 가서 대문을 잡고 꿇어 엎드려 기도했다.

"하나님 이 집에서 잠자고 있는 영혼을 구원해 주십시오. 하나님이 하시면 능히 될 줄로 믿습니다."

다음 집에 가서도 대문을 잡고 또 꿇어 엎드려 기도했다.

그렇게 계속 마을을 돌면서 기도했다.

새벽 1-2시 경에 교회로 돌아와 강대상 뒤에서 잠시 눈을 붙인 후 새벽예배 시간이 되면 어제처럼 큰 소리로 목청을 높여 기도한다.

한 달 정도 지나자 할머니 집사님 두 분이 찾아왔다.

"전도사님, 시끄럽지만 할 수 없습니다. 이제 저희들도 전도사님과 함께 전도하겠습니다. 같이 가십시다."

같이 전도하러 가주겠다는 마음은 한없이 고마웠지만, 사실 이 할머니들이 전도에 실제적인 도움이 되지는 않았다.

전도 대상자 집 대문 앞에 서서 한 할머니가 말한다.

"전도사님."

"왜요?"

"이 집은 절대로 안 믿습니다."

그리고는 이 집이 믿지 않는 이유에 대해서 첫째, 둘째, 셋째 일목요연하게 정리하며 브리핑까지 해준다.

"아니 집사님, 믿을 줄 믿어도 이 사람이 믿을까 말까인데, 믿지 않을 것이라는 것을 그렇게 확실하게 믿는데 누가 믿겠습니까?"

"그래도 안 되는 것은 안 되는 것입니다."

그 집에 들어가서 복음을 전한다. 그런데 이미 안 된다고 하는 마음으로 전도를 시작했으니 이 사람이 믿겠는가? 믿지 않는다. 그 집에서 나오면서 할머니 집사님은 환한 얼굴로 이렇게 말한다.

"전도사님, 제 말이 맞죠?"

죽어가는 영혼이 전도되지 않은 것에 대한 안타까움이 아니라, 자기 말이 맞았다는 사실에 대단한 쾌감을 느끼는 듯 보였다.

교회가 김해평야 끝자락에 위치한데다 주변이 35년간 그린벨트로 묶여있었기 때문에 반경 4킬로미터 안에는 사람이 거의 살지 않았다. 전도하려고 해도 전도할 사람이 없어 승합차를 타고 비포장도로 길을 15킬로미터 달려 우리교회에서 가장 가까운 부산 첫 마을로 전도하러 갔다.

그 때에도 권사님 한 분과 할머니 두 분이 동승하셨다.

목적지까지 반 정도 갔을까? 운전을 하고 있는데 뒤에서 이분들이 나누는 대화 내용이 들린다.

"우리 동네 사람들도 다 믿지 않는데 부산 사람들이 믿으러 우리교회까지 오겠나?"

뒤를 돌아보면서 물었다.

"그게 무슨 소리입니까?"

"아닙니다."

또 조금 가니까 자기들끼리 수군거린다.

"절대로 안 온다. 니 같으면 오겠나? 안 온다."

내가 뒤돌아보면서 언성을 높여 말했다.

"조용히 좀 해요. 믿음 없는 소리나 하고…."

"그래도 안 오는 것은 안 오는 것이지 뭐…."

전도에 도움이 되기는커녕 방해가 될 것이 분명했다. 도저히 안 되겠기에 차를 갓길에 주차하고, 운전석에서 내려 뒷문을 열었다.

"내리세요."

"왜요?"

"하나님의 능력을 믿어야 기적이 일어날 것인데, 어쩜 그렇게 믿지 않습니까? 믿지 않는 자들과는 함께 전도하러 갈 수 없습니다. 그러니 내리십시오."

버럭 고함을 질렀다.

"여기서 어떻게 내립니까? 돈도 없고 교회까지 가는 차도 없는데…."

억지로 끌어서 파밭 옆에 내리게 하고는 혼자 전도하러 갔다. 나만 믿고 차비도 준비하지 않고 나섰으니 이 할머니들이 얼마나 암담했겠는가? 나중에 들어보니 우여곡절 끝에 교회까지 걸어서 왔다고 한다.

그 일을 계기로 무슨 일이 있더라도 '안 됩니다', '못 합니다'와 같은 부정적인 말을 해서는 안 된다는 것을 성도들이 깨닫게 되었다.

하나님께서는 전도를 얼마나 기뻐하시는지 우리에게 친히 보여주셨다. 시작하고 얼마 되지 않았을 때 한 집을 찾아가서 한 사람을 만났다. 하나님이 주신 기회에 감사하며 복음을 제시했다.

"우리교회 한번 와 보시지요. 예수 믿으면 너무 좋습니다."

도무지 교회에 나올 사람처럼 보이지 않았다. 그런데 그 사람이 뜻밖의 반응으로 대답한다.

"그럴까요? 교회 한 번 가볼까요?"

그러더니 교회에 나왔다.

그렇게 한두 사람 교회에 나오기 시작했다.

물론 그들이 모두 처음부터 예수님을 영접한 것은 아니다. 하지만 그렇게 한두 사람 모이기 시작하였고, 3개월이 지나자 첫 예배 때 꿈꾸고 선포한 것처럼 정확하게 100명이 함께 예배를 드릴 수 있게 되었다. 정말 자리가 모자라서 기존 신자들은 뒤에 서서 예배를 드려야 하는 상황이 된 것이다. 기적 같고 꿈같은 일이 현실로 이루어졌다.

이렇게 우리교회의 부흥은 시작했다. 10% 정도라면 사람이 이루어낸 성장이라고 말할 수도 있겠으나 이와 같은 역사는 분명 하나님께서 행하시는 부흥이었기에 얼마나 감사했는지 모른다.

어떻게 이러한 일들이 실제로 이루어질 수 있었는가?

무엇보다 담임목회자와 온 성도가 한 마음으로 영혼 구원에 대한 강한 열망을 품었기 때문이다. 물론 처음부터 한 마음이었던 것은 아니다. 하지만 아무리 불가능하게 보이는 일일지라도 하나님께서 함께 하시면 이룰 수 있다는 믿음을 주셨다.

어떤 일을 하고자 할 때 안 된다고 하는 제안을 받아들이면 그 일이 이루어질 가능성은 순식간에 '0%'로 떨어진다. 안 된다고 해서 하지 않으면 아무 것도 이룰 수 없다. 하지만 된다고 생각하고 하고자 움직일 때, 그 일이 이루어질 가능성은 최소한 1%는 된다.

경험으로 미루어 볼 때 한 교회의 지도자들과 성도들이 마음을 합하여 '한번 하나님의 교회를 부흥시켜보자'는 데 전심전력하면 초기 배가 성장은 6개월이면 충분하다.

모든 사람이 안 된다고 말렸다.

모든 사람들이 말렸다.

"어떻게 23명 모이는 29평 시골 작은 교회에서 100명이 함께 예배드립니까?"

하지만 나는 주변의 부정적인 말들을 받아들이지 않았다. 사람이나 환경도 바라보지 않았다. 앞에는 바다가 출렁거리고, 사방은 그린벨트에 묶여 집 한 채 지을 수 없는 곳이고, 사람도 많이 살지 않는 마을이고, 외부에서는 교회가 보이지 않고, 노인들만 사는 마을이라서 절대로 될 수 없다고 말했지만, 내게 있어 그 모든 것은 사람의 생각일 뿐이었다.

하나님의 능력을 믿으면 하나님의 역사는 지금도 동일하게 일어난다.

많은 사람들이 습관적으로 이렇게 기도한다.

"하나님, 우리와 함께 해주십시오."

그렇게 기도할 때마다 하나님은 말씀하신다.

"그런 기도 좀 하지 마라! 내가 늘 너와 함께 하는데, 너는 왜 항상 함께 해달라고만 기도하니? 세상 끝 날까지 내가 너희와 항상 함께 할 것이니 걱정하지 말고 너는 나를 믿고 좀 뭐든 해봐라. 무엇이든 일을 해보면 내가 너를 밀어주고, 너에게 힘을 주고, 능력과 역사가 일어나게 해줄게."

우리가 하나님의 자녀가 된 순간 하나님은 우리에게 자녀 된 능력과 특권을 비롯하여 모든 것을 다 주셨다. 단지 우리가 실천하지 않음으로 일생 동안 하나님의 능력을 경험하지 못하고 살아가는 것뿐이다.

> "오직 성령이 너희에게 임하시면 너희가 권능을 받고 예루살렘과 온 유대와 사마리아와 땅 끝까지 이르러 내 증인이 되리라 하시니라"(행 1:8)

예수님께서 제자들에게 주신 마지막 명령이다. 생각해 보라. 갈릴리 촌사람들이 언제 한번이라도 외국에 나가봤겠는가? 그런데 주님은 그들에게 온 민족, 온 천하, 땅 끝까지 복음을 전하라고 하셨다. 도무지 말도 되지 않는 일처럼 보였지만, 그들은 예수님께서 하신 말씀을 그대로 믿고 '아멘'으로 받아들였다. 그럴 때 역사는 하나님이 이루셨다. 성령님이 행하셨다.

하나님의 능력은 믿는 자들을 통해서 나타난다.

어떻게 하면 하나님의 교회를 부흥시킬 것인가?

어떻게 하면 하나님이 주시는 복을 받는 인생이 될 수 있는가?

하나님의 말씀을 말씀 그대로 믿고 바른 삶을 살면 반드시 6개월 안에 우리의 인생은 달라질 것이다.

예수님의 제자들 가운데 예수님을 믿은 지 3년 넘은 사람은 단

한 사람도 없었다. 초대 교회의 성도들도 예수님 믿은 지 1개월 만에, 3개월 만에, 6개월 만에 하나님의 능력을 행했다. 안수집사가 되어서 복음을 전할 때 모두 기적을 행하는 믿음의 사람들이 되었다.

이 모든 기적들은 그 때만의 일인가? 아니다. 하나님의 능력을 믿고 그대로 나아가기만 하면 하나님의 역사는 오늘도 반드시 나타난다. 로마의 식민지 백성들이 로마에 복음을 전하겠다는 얼토당토 않은 꿈을 갖지만, 하나님께서는 그들의 믿음을 보시고 모두 이루어주셨다. 그리고 로마는 공식적으로 기독교 국가가 되었다.

이것은 역사적으로 있을 수 없는 일이 이루어진 것을 우리의 눈으로 목격할 수 있도록 행하신 하나님의 능력의 입증이다.

누구를 통하여 이러한 일이 이루어지는가? 하나님의 행하심을 믿고 목표를 정하는 사람, 하나님의 능력을 믿는 교회를 통하여 하나님은 반드시 이 모든 일들을 이루신다.

3개월 만에 20명 남짓한 교회가 100명이 되었고 4개월 만에 120명이 되었다.

불모지 같은 우리교회에 수많은 역사와 기적을 이루어주신 하나님께서 지금도 명령하신다.

"오늘 믿고 지금 시작하라."

"부흥의 한 가운데 주인공이 되어라."

"현실이나 상황을 믿지 말고 나를 믿으라."

우리는 현실을 믿는가? 하나님을 믿는가?

기적이 일어나는
통로

 4개월 동안 급성장을 하자 예배 공간이 부족해져서 2부로 나누어서 예배를 드렸고, 그것도 여의치 않게 되자 10개월 만에 처음으로 교회를 세웠다.

하나님의 뜻을 따라 비전을 선포하고 열심히 전도했지만 정말 100명이 되리라고는 아무도 기대하지 않았다. 안 되는 일인 줄 알았다. 내가 알기에도 당시 우리 교단에서 강도사가 목회하는 교회 가운데 100명이 모이는 교회는 없었고, 게다가 반경 3킬로미터 안에 있는 주민을 모두 합해도 300명이 되지 않는데 100명이 모인다는 것은 누가 보더라도 사람은 도저히 할 수 없는 일, 하나님만이 하실 수 있는 기적이었다.

하나님의 역사하심을 경험하고 나니 더욱 담대해진다.

다시 새로운 비전을 선포했다.

"이제부터는 300명 성도를 목표로 하겠습니다. 모두 한 마음으로 기도합시다."

심각하게 말하는데 교인들이 웃는다.

"강도사님, 300명은 안 됩니다. 우리교회에서 3킬로미터 안에 있는 주민들을 아이들까지 모두 합해도 300명이 될까 말까인데 어떻게 그게 되겠어요."

"그래도 믿고 기도합시다."

얼마 후 집사람이 와서 말린다.

"여보, 제발 그러지 마세요. 어느 집사님이 그러는데 우리교회 강도사님 별명이 허풍쟁이라고 합니다. 하나님께서 100명을 이루어주신 것은 참으로 놀랍고 감사한 일이에요. 하지만 어떻게 300명이 되겠다고 하십니까?"

성도들도 처음에는 100명 앉을 자리가 없어 모이지 못한다고 하더니, 이제는 마을 주민 모두 합해도 300명이 되지 않으니 안 된다고 한다.

듣고 있으면 그 말도 일리가 있다. 하지만 나는 들리는 말이나 보이는 현실보다 더욱 확실하게 믿어지는 것이 있었다. 꿈을 키워 나가면 이루시는 분은 하나님이라는 사실이다. 그래서 환경을 탓하지 않았고, 꿈에 경계선을 긋지도 않았다.

얼핏 들으면 안된다고 하는 사람들의 말이 타당해 보인다. 하지만 믿음의 사람에게 한계란 없다. 세례 요한이 어디에서 복음을 전했는가? 광야이다. 광야는 많은 사람이 사는 곳이 아니다. 하지만 그 곳에서 복음을 전할 때 베들레헴과 예루살렘으로부터 온 수많은 사람들이 세례를 받았다.

'성경에 적혀 있는 말씀이 그대로 사실이라면 이 사람들의 말에 기죽어 주저앉으면 안 되겠다.'

한 술 더 떠서 성도들에게 선포했다.

"한 달 뒤에 총력 전도주일을 하겠습니다. 그 때 목표는 1000명입니다. 우리가 처한 환경을 보며 꿈을 한계 짓지 말고, 무엇이든 능하신 하나님을 의뢰함으로 간구하십시다."

새로운 비전을 품고 함께 기도하자는데 온 교회가 웅성웅성 시끄럽다.

"1000명을 어디서 데리고 오란 말입니까?"

교회에서 가장 가까운 아파트가 15킬로미터 밖에 있다. 가장 가까운 김해까지는 22킬로미터이고, 장유까지는 24킬로미터다. 그러니 어떻게 1000명이 모이냐는 걱정의 소리도 얼마든지 이해가 된다. 하지만 구호를 외치며 전도하기 시작했다.

"오라 우리가 세상을 바꾸자!"

"오라 우리가 1000명을 변화시키자!"

"오라 우리가 ○○○를 바꾸자!"

그 때 우리교회에는 장로 한 분, 권사님이 한 분 계셨는데 그분들에게는 50명을 데리고 오지 못하면 교회를 떠나라고 했다.

"어릴 때부터 이 동네에서 자랐는데 한 번만 교회에 가자는 부탁에 50명도 데리고 오지 못한다면, 도대체 지금까지 어떻게 살았다는 말입니까? 그러니 반드시 데리고 오십시오."

그렇게 총동원주일을 강행했다.

그 무렵 하도 소리를 질러서 성대가 상하여 수술을 했는데, 그것이 불쌍하게 보였는지 많은 성도들이 마지못해 전도하는 시늉은 내주었다. 하지만 내 안에는 알 수 없는 확신이 있었다.

총력전도주일이 점점 다가오자 하나님께서는 한 성도, 한 성도 그 마음을 바꾸기 시작하시더니 많은 성도들이 열심히 전도에 집중하여 힘쓰게 하셨다.

1000명을 목표로 정한 총력전도 주일이다. 그 날 하나님께서 얼마나 놀라운 일을 행하셨는지…. 그 때 우리교회에 와서 예배드린 사람이 모두 967명이었고, 그 가운데 147명이 예수님을 믿기로 결심했다.

참으로 놀랍지 않은가?

막상 주신 감동에 순종하여 선포하고 앞장 서서 외쳤지만, 어떻게 그 일이 가능했는지 도무지 이해가 되지 않았다.

'아이들까지 모두 합해도 300명이 되지 않는 마을에서 어떻게 1000명 가까운 사람이 교회에 나왔지?'

알아보니 다 이유가 있었다. 전도하고자 하는 우리교회 성도들도 정해져 있고, 교회로 데리고 올 수 있는 전도대상자도 정해져 있다. 그러니까 한 전도대상자에게 몇 성도가 붙어서 교회에 가자고 반복적으로 전도를 했던 것이다.

허리가 90도로 굽은 한 할머니는 파밭에서 3일 동안 일을 도와주겠으니 딱 한번만 교회에 가자며 전도했다.

"아이고 할머니, 무슨 일을 하신다고 하십니까? 제가 그냥 일당 드릴게요."

"내 돈은 받지 않을 것이니, 제발 교회 한 번만 같이 갑시다."

그렇지 않아도 일손이 턱없이 부족한데 먼저 도와주신다고 하니 나중에 품값이라도 넉넉히 챙겨드릴 마음에 도와달라고 부탁한다.

"그럼 소일거리 삼아 천천히 해보세요."

정말로 할머니가 3일 동안 쉬지 않고 아침부터 저녁까지 일을 도와주신다. 아무리 도시에서 하는 일이 바쁘고 어렵다지만 농촌에서 하는 들일과는 비교가 되지 않는다. 얼마나 힘든지 나중에는 일어나려고 해도 척추가 굽어서 제대로 일어나지도 못해 천천히 호흡을 가다듬어야 겨우 허리를 펼 정도다. 그런데 꼬부랑 할머니가 아침부터 저녁까지 그 어려운 일들을 아주 열심히 도와주신다.

약속한 3일이 되었다. 밭주인이 품값을 챙겨 드린다. 그런데 그렇게 힘들게 일한 할머니가 극구 돈을 받지 않겠다고 사양하신다.

"돈보다도 제발 소원이니 한 번만 교회에 같이 가십시다."

사실 그동안 할머니만 이분을 전도한 것은 아니다. 이미 여러 성도들이 와서 한 번만 교회에 같이 가자며 온갖 허드렛일을 도와주었다.

여러 사람이 교회에 가자고 부탁하면서 일을 도와주니 시간이 흐를수록 고민이 된다.

'어떻게 해야 하지?'

교회에 대한 마음이 딱딱하게 굳었던 자이지만 상황이 이렇다 보니 이제는 가지 않고는 도무지 견딜 수 없는 상황이 되었다. 문제는 몸은 하나밖에 없다는 것이다. 고민하다가 기막힌 결정을 내린다. 1부 예배는 할머니 이름으로 교회에 오고, 2부 예배는 다른 사람의 이름으로 교회에 오고. 3부 예배는 또 다른 사람의 이름으로 교회에 왔다. 그렇게 여러 번 예배를 드린 사람도 많았다.

또 한 집사님은 담임 목사가 하도 전도하라고 하니까 하긴 해야겠는데 막상 전도해서 교회로 데리고 올 사람이 없더란다. 그나마 300명이 채 되지 않는 동네 사람들한테는 이미 교인들이 몇 사람씩 붙어서 전도가 진행되고 있었다.

어찌하면 좋을까 고민하다가 좋은 생각이 떠올랐다. 20호 되는 이웃마을 통장이 친구인데, 그 친구를 찾아가 부탁한다.

"여보게, 내가 돼지 두 마리 잡아서 잔치를 해줄 터이니 마을 사람들과 함께 딱 한 시간만 교회에 나와주지 않겠나?"

돼지를 두 마리 잡아서 동네잔치 벌여준다니 흔쾌히 승낙한다.

"그럼 동네 사람들을 모두 데리고 가겠네."

"자네 동네 사람들이 몇 명이나 되지?"

"다 합하면 30명 정도 될 걸세."

약속을 하고는 돼지 두 마리를 잡아서 융숭하게 동네잔치를 열어주었다.

얻어먹었으니 어찌할 수 없이 교회에 가야 할 형편이다. 통장이 마을 방송을 한다.

"녹산제일교회(세계로교회의 옛 이름)에 가기로 한 사람들은 마을 입구에 25인승 차를 준비해 두었으니 그 앞으로 나오십시오."
정말 그 차에 25명이 가득 타고 교회에 와서 함께 예배를 드렸다.

그런데 돼지를 잡아 잔치를 벌여준 집사님은 영 찜찜하다. 원래 30명이 오기로 했는데 25명밖에 오지 않았기 때문이다. 그 때까지도 술을 끊지 못했던 터라 술을 한 잔 걸치고 오후에 친구네 마을로 갔다.

"오늘 30명 온다고 해서 돼지 두 마리 잡아줬는데 25명밖에 오지 않았잖아."

"이 사람아, 미리 말하지도 않고 돼지고기 먹이더니 교회 데리고 갔다고 불교 믿는 사람들이랑 믿지 않은 사람들이 얼마나 욕했는지 알아? 25명 간 것도 내가 볼 때는 기적이네."

"무슨 말이냐? 30명 온다고 그랬잖아. 5명 더 오지 못하면 돼지 값 물어내!"

술김에 하도 떼를 쓰니까 하는 수 없이 통장이 다시 마이크를 잡고 방송을 내보낸다.

"녹산제일교회 가기로 하고 가지 않는 사람은 오늘 저녁에 모두 교회에 가야 합니다. 가지 않으면 우리 보고 돼지 값을 다 물어내랍니다. 아침에 교회에 가지 않은 사람 5명은 저녁에 오십시오."

정말 저녁예배 때 5명이 왔다.

예화 책에서나 나올 법한 이야기들인가? 아니다. 불과 얼마 전 우리교회 안에서 실제 있었던 실화이다.

성도들이 하도 적극적으로 전도를 하니까 처음에는 교회에 나올 생각조차 없던 동네 사람들이 나중에는 어느 사람과 함께 교회에 가야 하나 고민하는 지경까지 되었고, 한 사람이 2번에서 4번까지 예배를 드렸다고 한다. 그리고 147명이 결심할 수 있는 결실을 거두었다.

총동원주일예배 설교는 탕자에 관한 말씀과 지옥에 관한 말씀, 두 가지로 준비했다. 그러니 그 날 교회에 4번 온 사람은 똑같은 설교를 2번씩 들었고, 말씀을 듣는 가운데 예수님을 믿겠다고 결심을 하게 된 것이다.

그 때 목표를 정하고 나아가기만 하면 그 일을 이루시는 분은 하나님이심을 경험했다.

가장 많이 전도한 사람은 196명을 초청한 우리 부부다.

어떻게 그렇게 많이 전도할 수 있었는지 사람들이 묻는다.

간호사 출신 아내는 아픈 사람에게 링거주사를 놓아주면서 전도를 했다.

승용차 안에는 온갖 주스를 가득 넣고 다니며 만나는 사람마다 주면서 전도했다.

하도 열심히 진지하게 전도했더니 어떤 사람들은 너무 미안해서 교회는 나와야 하겠는데 혼자 나오기는 서먹하니까 자녀들에게 전화를 한다.

"아들아. 이번 일요일에는 꼭 집에 온나."

우리 부부가 불쌍해서 아들을 데리고 오기도 하고, 아는 사람도 데리고 온 사람들도 있었다.

　이웃이 없으니 안 된다고들 말했다. 사람이 없는 것은 엄연한 사실적인 현실이다. 하지만 일단 복음을 전하자 동네 주민들이 알아서 아는 사람을 데리고 오고, 자녀들을 데리고 오고…. 그렇게 사람들을 더 데리고 왔다.

　남들은 절대로 되지 않는다고 말했다. 모두 합해도 지역 주민들이 300명도 되지 않는 마을에서 어떻게 교회에 1000명이 모이느냐고 했다. 방법도 아득했다. 하지만 '하나님은 하실 것'이라는 믿음 하나 가지고 뛰었더니, 하나님의 교회에 역사가 일어났다.

　그 날 우리교회는 분명한 꿈을 갖게 되었다.

　'생짜배기일지라도 하나님의 말씀을 전하고 그들이 들으면 구원을 받는구나.'

　복음도 어중간하게 전하면 통하지 않는다. 하지만 확실하게 딱 달라붙어서 전하면 생각이 달라진다.

　'아, 가지 않으면 안 되겠구나.'

　'안 가면 안 되는가보다.'

　'안 가면 큰일 나는가보다.'

　'갈 바엔 혼자가기 서먹하니 누구라도 데리고 가야 되겠다.'

　그렇게 1000명 목표 총동원주일예배를 드린 날, 온 동네가 확 뒤집혔다.

　많은 사람들이 자신이 처한 현실 때문에, 구역의 현실 때문에, 인간적인 배경 때문에, 배우지 못한 학식 때문에, 자신의 연약함 때문에, 건강 때문에, 가난함 때문에 위대한 꿈을 포기한다. 그러나 가난해도, 병들어도, 부족해도, 배경이 없어도, 도와줄 곳이 없어도, 하나님께서만 나를 도와주신다면 능히 승리할 줄 믿고 절대 포기하지 말라. 하나님을 바라보고 소원을 가지고 꿈을 꾸라.

"하나님을 기쁘시게 하기를 원합니다."

"한 번 사는 일생 동안에 하나님을 기쁘시게 하기를 원합니다."

이런 소원을 가진 자를 통하여 하나님은 반드시 역사하신다.

"하나님, 됩니다. 되는군요."

어떻게 전도할까, 어떻게 한번 해볼까, 누구를 전도할까, 힘을 다하고 최선을 다하여 전도하는 자에게는 말할 수 없는 하나님의 위로가 임한다.

7부까지는 1000명 목표 총동원예배로 드리고, 8부 예배는 기존 성도들과 함께 감사예배로 드렸다.

예배드리는 가운데 문득 성도들 가운데 누가 가장 많이 전도했는지 궁금해졌다. 당시 우리교회에는 열댓 명의 젊은 사람들이 중심이 된 성가대가 있었는데 먼저 그들에게 물어보았다.

"성가대원 가운데 열 명 이상 전도한 사람 손들어 보십시오."

단 한 명도 없었다.

5명 이상 전도한 사람이 1명, 3명 이상 전도한 사람이 1-2명이었다.

얼마나 충격을 받았는지 모른다. 연로하신 어르신들도 1000명을 채우려고 그토록 전도하기를 애썼는데, 정작 젊은 성가대원들이 전도하지 않았다니….

'왜 그런가' 알아보았다.

첫 번째는 자기 일이 아니라고 생각하고 관심을 갖지 않았다.

두 번째는 성가대 연습을 하느라 시간이 없었다.

'이렇다면 성가대가 문제로구나. 물론 하나님은 찬양 받으시기를 너무나도 좋아하시지만 제아무리 아름다운 목소리로 하나님을 찬양한다 할지라도 전도하지 않는다면 문제 아닌가?'

세계적인 음악가가 부르는 찬양보다 하나님께서 더 귀하고 값지게 들으시는 것은 예수님을 모르던 사람이 복음을 들은 후 예수님을 영접하고 올리는 감사의 고백이라 믿는다.

"나 때문에 예수님께서 십자가에서 돌아가셨구나."

"예수님, 날 위해서 십자가에서 대신 돌아가심을 감사합니다."

"예수님은 나의 왕입니다. 나의 주인이십니다. 하나님 감사합니다."

이보다 놀라운 찬양은 없다.

예수님께서 이 땅에 태어나셨을 때 하늘에 있던 천군천사가 소수의 목자들 앞에서 찬양을 불렀다. 그 때 하늘 천사들이 뭐라고 찬양했는가?

"평화의 왕이신 예수님이 이 땅에 오셨다!"

지옥에 갈 영혼들이 예수님을 믿은 후 감사하여 올려 드리는 감격의 고백은 곡조가 있든지 없든지 상관없이 하나님 앞에는 가장 귀하고 값진 찬양이다. 그런데 하나님의 소원에 대해서는 조금도 관심을 갖지 않고, 하나님의 명령과 부탁에 대해서는 전혀 관심을 갖지 않으면서 입술로만 부르는 찬양을 하나님께서 과연 받으시겠는가? 찬양 잘하는 데만 신경 쓰느라 복음 전하는 것을 소홀히 여기는 자에게 하나님께서 뭐라 하시겠는가?

"네가 성가대 하느라 복음을 전하지 못했구나. 이해해 줄게."

이렇게 하실 것 같은가? 그렇지 않다.

"내가 피 흘려 대신 죽은 그 영혼들은 어떻게 하고 너는 노래만 부르느냐?"

"내 명령, 내 계명, 내 소망은 무엇인데… 하나님이 너를 위해서 십자가를 지고 죽었는데… 너는 뭐하는 거냐?"

"내 명령은, 내 계명은, 나의 소원은 그것이 아니다. 내가 너를 위해서 십자가에서 죽었는데, 지금 너는 뭘 하고 있느냐?"

악보에 인쇄된 노래를 부르기 위하여 복음을 전파하지 못한다면 참된 성가가 아니다. 때문에 성가대원들은 성가대에 서기 전 먼저 복음을 전해야 한다. 그것이 예수님의 소원이요, 하나님의 유일한 명령이다. 영혼구원을 원하시는 하나님의 간절한 마음으로 찬양할 때, 하나님께서 영광을 받으신다. 하나님의 관심에는 무관심하면서, 입으로만 드리는 노래는 찬양이 아니다. 복음을 전하는 입술로 드려지는 찬양이 울려 퍼질 때 하나님의 나라는 임한다.

죽은 영혼을 구원하는 것, 그것은 하나님의 간절한 소원이다.

"예루살렘과 온 유대와 사마리아와 땅 끝까지 이르러서 하나님의 증인이 되라."

이것은 할 수 있으면 하고, 형편이 되지 않으면 하지 않아도 되는 제안이 아니라, 만왕의 왕 되신 분의 엄중한 명령이다.

십계명 가운데 두세 개를 어긴 사람이 설교한다면 그냥 놔두겠는가?

그런 사람이 기도한다면 그 기도에 은혜를 받겠는가?

입장을 바꾸어서 생각해 보자. 하나님의 명백한 명령, 마지막까지 당부하신 중요한 명령, 승천하시기 직전까지 주신 엄중한 명령이 '증인이 되라'고 하신 것인데, 그것을 무시하고 다른 일을 한다면 그것이 무엇인들 하나님께서 기뻐 받으시겠는가?

예수님이 이 땅에 오신 목적을 잊지 말자.

1년에 한 명도 전도하지 못했는가?

교회에 데리고 나온 사람이 예수를 영접했는가, 그렇지 않은가 하는 것은 중요하지 않다. 그것을 떠나서 1년 동안 한 명도 교회로 데리고 나오지 못했다면 심각한 문제이다.

무슨 사역으로 교회를 섬기든 그보다 먼저 반드시 우리가 기억하고 집중해야 할 사실이 있다. 하나님의 간절하고도 엄중하신 명령이 그것이다. 하나님의 명령에 무관심한 자가 교회 안에서 행하는 사역은 그것이 무엇이든 하나님은 조금도 관심이 없으시기 때문이다.

그래서 성가대를 폐지시켰다. 지금까지도 우리교회는 성가대가 없다.

포기하지 않으면
기회는 온다

"아이고! 전도사님, 우리가 교회는 나가지 않지만 하나님은 믿습니다."

온 마을 모두 합해도 15가호였기 때문에 늘 정해놓고 한 집, 한 집 전도하러 다녔는데, 한 이웃이 그렇게 말해주니 얼마나 반갑고 좋은지 모른다. 반드시 교회로 데리고 갈 수 있겠다는 기대를 가지고 토요일 오후 3시에 그 집에 찾아갔다.

아무도 없다.

다음 주에도 그 시간에 찾아갔다.

갈 때마다 집주인을 만날 수 없었다.

그래도 계속 토요일 오후 3시만 되면 그 집에 갔다.

하도 만나기 힘들어서 그 다음 주는 시간을 바꾸어 오후 5시에 찾아갔다.

힘들게 겨우 한 번 만났다. 난 참 반가운데 그 사람은 정색을 하면서 말한다.

"인사치례로 몇 마디 했는데, 매주 오면 어떻게 합니까? 이제 그만 오세요!"

얼마나 힘들게 만난 것인데 교회에 갈 수 없다며 다시는 오지 말라고 딱 잘라 말한다.

다음 주 오후 5시에 또 그 집에 갔다.

아무도 없다.

무슨 일이 있어도 꼭 만나야 하겠기에 하루는 밤 9시에 찾아갔다. 가로등도 없는 촌인데 한밤중에 어딜 가겠나 하는 마음에 예의에서 벗어난 줄은 알지만 무리해서 갔다.

집안으로 들어가 마당에서 주인을 불렀다.

"선생님 계십니까?"

방문 틈으로 텔레비전 불빛은 새어나오는데 인기척이 없다. 아무도 없나 싶어 '선생님!' 부르면서 방문을 열었다. 그랬더니 19세 이상만 볼 수 있는 장면이 눈앞에 펼쳐졌다. 방안에 있던 부부도 얼마나 놀랐는지 부인과 함께 이불을 덮어 가렸다. 나는 아무 말도 못하고 급히 나왔다.

다음 날 주일이다. 아침밥을 먹고 있는데, 술에 취한 한 남자가 사택에 와서 고래고래 고함을 친다.

"전도사, 이 개새끼. 안 나오나! 죽여 버릴 끼다."

어제 찾아간 그 집 주인 아저씨 목소리 같다. 문틈으로 보니 그 사람 손에는 장작을 팰 때나 사용하는 무시무시한 서슬 퍼런 도끼가 들려있었다. 주일 아침인데 정말 큰일이다. 얼마나 무서운지 밖에 나갈 수가 없었다.

당황하니까 아내가 묻는다.

"왜 그러세요?"

"당신이 한 번 나가봐."

아내가 밖에 나가 보니 이 사람이 발로 대문을 차고 도끼를 휘두르고 있다.

"왜 그러십니까?"

"아니, 전도사면 전도사지, 동네 사람 잠도 자지 못하게 그 시간에 남의 집에 말도 없이 찾아와 들이닥치면 어떻게 합니까? 내가 죽어버릴 겁니다."

안되겠다 싶어 얼른 밖으로 나가 그 사람을 붙잡고 사과를 했다.

"정말 미안합니다. 사람은 있는 것 같은데 대답을 하지 않아서 저도 모르게 방문을 열고 말았습니다. 앞으로는 절대로 그렇게 하지 않겠습니다. 죄송합니다."

정말 미안하다고 싹싹 빌었다. 한참을 빌고 달래자 겨우 흥분을 가라앉히며 어깃장을 놓는다.

"이번 한 번만 용서해 주는 줄 아십시오. 또 우리 집에 오면 죽여 버릴 테니 각오하십시오."

다음 주 토요일이다.

또 그 집에 갔다.

"당신 왜 왔어?"

"선생님, 아무리 그래도 하나님을 믿어야 영원히 삽니다. 먹고 살기 바빠서 교회 못나온다고 하지만, 결국은 다 먹고 죽는다는 것을 왜 모르십니까?"

하도 어이가 없어 하더니 결국 그 사람이 교회에 나오게 되었고, 지금은 우리교회 든든한 성도가 되었다.

한계를 넘어서 복음을 전할 때 임하는 하나님의 은혜와 능력, 이것이 바로 전도자에게 주시는 행복이다.

한번은 철야기도를 인도하고 있는데 한 여 집사님이 너무나 불쌍히 보였다. 아들이 예수님을 믿지 않는 것 때문에 고통스러워하고 있었다. 나는 철야기도를 중단하고 선포했다.

"○○○집사님의 아들이 교회에 나올 때까지 따라 다니다가 나오면 함께 오겠습니다. 지금부터 철야기도는 각자 알아서 하다가 가시고, 주일날 제가 오지 않으면 장로님이 알아서 인도하십시오."

강대상에 깔아 놓았던 침낭을 들고 그 집사의 아들집에 찾아갔다. 밤 10시가 넘어서 내가 들어가자 아들이 놀라 묻는다.

"전도사님이 웬일이세요?"

나는 침착하게 말했다.

"어머님이 그렇게 간절하게 기도하시는데 조 선생님이 교회에 나오지 않으니 제 마음이 아픕니다. 조 선생님이 교회에 나오실 때까지 기도하고 따라 다니겠습니다. 잠도 여기서 자고, 직장 가면 직장까지 따라 다닐 것이니 알아서 하십시오."

비장하게 이야기하며 거실에 앉았더니 화를 버럭 낸다.

"아니, 대한민국에는 종교의 자유가 있는데 무슨 소리를 하는 겁니까?"

나는 묵묵히 침낭을 깔고 앉아 있었다.

그 사람은 방에 들어갔다 나왔다 하며 소리를 질렀다.

"어서 돌아가십시오!"

그래도 꿈쩍하지 않고 앉아 있었다. 급기야 입에서 욕이 쏟아져 나오기 시작한다. 소, 말, 개 등 온갖 동물이 등장하더니, 10원짜리, 100원짜리가 남발한다. 그래도 요지부동으로 앉아 있으니 술을 마시고서는 거실에 있는 수돗물을 틀기도 하고, 뺀찌를 들고 혼자 휘두르기도 하고, 씰룩씰룩 뭐라고 욕도 했다.

그리고는 방안에 들어가 신혼인 아내와 한참 있더니 다시 나와 무릎을 꿇고 말했다.

"전도사님, 이번 일요일에는 반드시 교회에 갈 테니 그냥 집으로 돌아가세요."

"어떻게 믿을 수 있겠어요?"

그랬더니 자기 아내와 어머니까지 모시고 와서 구두로 맹세를 하는 것이었다. 그래서 나는 못이기는 체하며 돌아왔다.

그리고 돌아오는 주일, 그 가정이 모두 교회에 나와 등록을 했다.

무엇을 하든 포기하지 말고 그 상황을 기회로 삼아야 한다.

초기에 집집을 다니면서 마을 주민들을 전도했는데, 어느 집에 들어갔더니 30대 중반 여자 한 분이 너무 거칠게 말을 하면서 우리를 쫓아내었다. 그래도 계속 갔더니 심지어는 욕을 하고 대문을 나서는데 등 뒤로 물을 뿌리는 것이었다. 그래도 또 갔더니 어느 날 교회 나와서 예수님을 믿고 권사가 되었다. 지금은 전도하는 사람들이 너무 귀하다고 하면서 수년째 전도 팀의 점심식사를 제공하고 있다.

한번은 밤 12시가 넘은 한밤중에 잠을 자고 있는데 누가 문을 두드렸다. 나가서 보니까 전도 중이던 한 사람이 집안으로 불쑥 들어왔다. 그러더니 다짜고짜 행패를 부렸다.

겨우 조금 진정을 시켰다.

"술 한 잔 해야겠으니 술 좀 가져오세요."

나는 집사람보고 성찬식 때 쓰고 남겨 놓은 포도주를 가지고 오라고 했다.

그는 그 술을 마시고는 이번에는 재떨이를 찾는다.

"담배 한 대 해야겠으니 재떨이를 가져와요."

재떨이가 없어 밥그릇을 가져다주었다.

그렇게 30분 정도 난동을 부린 후 돌아갔다.

우리는 조심히 가시라고 정중히 배웅을 해 드렸다.

그분은 그날 밤 큰 감동을 받고 신앙생활 시작했고 지금은 우리 교회 장로가 되었다.

한 사람을 구원 할 수 있는 기회를 놓치지 말아야 한다.

어떤 상황에서든지 영혼구원의 기회로 삼아야 한다.

3년 동안 나환자촌에서 교회학교 담당 부교역자로 사역을 한 적이 있었다. 나환자촌 아이들만 교회에 나왔는데, 주일학교와 유치부 아이들을 모두 합해도 20명이 넘지 않았다. 마을 밖에는 믿지 않는 아이들이 얼마나 많은데… 도저히 이래선 안 되겠다는 생각이 들었다.

'저 아이들도 전도해야 하겠다.'

2달 후 100명이 함께 모여 예배드리는 것이 목표라고 선포한 후 전도를 시작했다.

주일학교 부장을 맡고 있는 장로님이 오셔서 속마음을 털어놓는다.

"전도사님이 노력하시는 것은 감사합니다. 하지만 우리 아이들 교육만 시켜주시면 그것으로 족합니다. 솔직히 우리들은 다른 아이들이 우리 마을에 오는 것도, 우리교회에 나오는 것도 원하지 않습니다. 그래서 우리 아이들도 다른 집에는 가지 않습니다."

"우리 아이들도 다른 아이들과 어울려 살아야 하지 않습니까?"

장로님의 마음이 이해는 되었지만 그래도 굴하지 않고 계속 전도했다. 날마다 함안에 있는 4개 초등학교 앞에 가서 전도를 하고, 또 주변 22개 마을을 다니면서 전도했다.

드디어 전도한 아이들이 모두 모여 함께 예배드리기로 한 날이 되었다. 기대하는 마음으로 기쁘게 찬양 드리며 예배를 준비하고 있는데 급히 창문 여는 소리가 들린다.

"전도사님! 전도사님!"

"왜요?"

"큰일 났습니다."

"교회 나오기로 약속한 아이들을 태우러 우리교회 승합차가 갔는데, 한 아이가 그 차를 타려고 뛰어 오다가 반대편 차선에서 달리는 차에 치어 교통사고로 죽었다고 합니다!"

어떻게 설교했는지 정신이 하나도 없이 가까스로 예배를 마친 후 마산에 있는 병원으로 갔다. 가서 보니까 감사하게도 교회에서 들었던 말처럼 죽은 것이 아니라 정신을 잃은 상태였다. 검사결과 콩팥이 심하게 손상되었다고 한다.

잠시 후 다친 아이의 어머니와 삼촌이 병원에 도착했다.

오자마자 나를 보더니 욕을 퍼붓는다.

"누가 우리 아이를 교회로 데리고 가라고 하더냐? 이 문둥이 새끼들아!"

그날 얻어먹은 욕은 차마 기록할 수 없을 정도였다.

교회로 돌아와서 교사회의를 했다.

"전도사님, 그만둡시다. 안되겠습니다."

"아닙니다. 기도하면 하나님께서 모두 이루실 것입니다. 이런 일이 있었다고 해서 결코 중단하면 안 됩니다."

"평생 살면서 이런 욕은 처음 얻어먹었습니다. 우리는 다시는 거기 못 갑니다."

"아닙니다. 이럴수록 더 가야 합니다."

겨우 설득해서 오전, 오후로 나누어 날마다 병원에 갈 조를 짰다.

이것저것 사서 병문안을 갔는데 화가 난 보호자들이 집어 던져 병실을 난장판으로 만들었다.

그래도 기도하는 가운데 포기하지 않고 날마다 갔다.

1주일 정도 지나니까 아이의 엄마가 부탁을 한다.

"전도사님, 이제 제발 오지 마이소."

그래도 계속 갔다.

점점 엄마의 태도가 달라진다.

"뭐할라꼬 이렇게 우리 영순이에게 신경을 쓰십니꺼? 이제는 안 오셔도 됩니더. 영순이 나중에 나으면 교회 보내줄게요."

나중에는 교회에서 간 사람들을 맞아주고, 인사까지 나누는 관계가 되었다.

남들은 그만두자고, 도저히 안 될 일이라고 했다. 하지만 그 주일학교가 100명, 200명이 함께 모여서 예배를 드릴 수 있게 되었고, 그 교회가 세워진 후 가장 큰 부흥을 경험했다.

한 장로님은 12가호 모여 사는 작은 마을 사람들을 마음에 품고 기도했다.

"하나님, 골짜기 아래 사는 이 마을 사람들이 모두 하나님을 믿게 해주십시오."

장로님은 기도만 하는 데 그치지 않고 자비를 털어서 식용유를 사서 가정마다 하나씩 나누어 주었다.

"저는 세계로교회 장로입니다. 한 번만 우리교회에 와 주십시오."

선물만 전해주는 것이 아니라 두루 살펴보고 필요한 것이 보이면 바로 도와주었다.

그 다음 주에는 마을 사람들에게 설탕을 선물했다. 하도 지극 정성을 들이니까 한 사람이 교회에 나왔다. 그 다음 주에 또 한 사람이 교회에 나왔다. 그렇게 한 사람, 한 사람 나오기 시작하여 지금은 장로님으로 인해 그 동네 주민의 3분의 2가 예수님을 믿게 되었다.

거라사 지방에 예수님이 전도하러 가실 때 귀신 들린 사람이 와서 물었다.

"예수여! 왜 나를 괴롭게 하시나이까? 나와 당신이 무슨 상관이 있나이까? 그런데 왜 나를 괴롭게 하시나이까? 다른 곳으로 떠나가십시오."

하지만 예수님은 군대 귀신 들린 사람을 고쳐주었다.

오늘도 마귀는 이렇게 말한다.

"당신들이 예수 믿는 것은 좋지만 너무한 거 아닙니까? 왜 우리까지 괴롭힙니까?"

그런 소리를 들을 때마다 우리는 잠시 속는다.

'정말 내가 너무한 것은 아닌가?'

그래서 마음이 흔들려 전도를 중단한다면 마귀의 소리에 속은 것이다.

마귀는 항상 이렇게 말한다.

"왜 나를 괴롭게 하십니까? 나와 무슨 상관이 있습니까?"

아무리 그렇게 말할지라도 한 번만 교회에 가자고 권하라. 말씀 듣는 곳으로 데리고 오면 군대 귀신 들린 사람일지라도 온전하게 하시는 하나님의 역사가 이루어질 것이다.

믿는 사람에게는 포기가 없다.

왜 포기가 없는 줄 아는가?

우리는 기도하고 꿈꾸지만, 그 꿈을 반드시 이루시는 분은 하나님이시기 때문이다. 포기하지 말고 전도하라.

어렵고, 피곤하고, 지칠지라도 하나님께 기도하라. 하나님을 위해서 고난당할 기회, 하나님을 위해서 일할 수 있는 기회는 이 땅 말고는 어디에도 없다. 예수 때문에 핍박받고, 예수 때문에 눈물 흘리고, 복음 전하다가 매 맞고, 복음 전하다가 욕 얻어먹고, 복음 전하느라 물질을 쏟을 수 있는 기회는 이 땅 밖에는 없다.

"이 세상에서 복음 전하다가 맞아서 기절 한 번 해봤으면…."

"예수님으로 인하여 욕 한번 들어봤으면…."

"예수님 때문에 핍박 받아봤으면…."

"예수님 믿어서 고생 한번 해 봤으면…."

아무리 간절히 원해도 하나님 나라에 가면 더 이상 기회는 없다. 주님을 위해서 고난당하고 고생할 수 있는 기회는 눈 깜짝할 사이에 지나가는 이 땅 말고는 없음을 깨닫고 전도에 힘쓰자.

절에서 다니는
신학 대학생

 내가 태어난 곳은 경남 김해 무척산기도원 밑이다. 어머니는 아버지의 둘째부인이었는데, 같은 마을에서 큰집과 작은 집으로 살았다.

아버지는 내가 4살 때 돌아가셨고, 그 일로 극한 가난이 찾아왔다. 120가호 정도 작은 마을에서 가난하기로 등수를 정하면 우리 집은 3등 안에는 들었을 것이다.

친척 할머니 집 옆 두 평 남짓한 곳, 마루도 없고 부엌도 없는 곳을 빌려 살았다. 사과 상자 두 개 엎어놓고 거기에 수저 꽂아놓는 것이 부엌세간 전부였다. 쥐가 들락거리는 것은 예삿일이고, 비라도 많이 오는 날이면 그 안은 물이 흥건하게 차서 퍼내야 했다.

방 한 칸에 2남 2녀와 엄마, 이렇게 다섯 식구가 누우면 꽉 찬다. 이부자리 놓을 곳이 없어서 선반을 만들어 그 위에 놓고 살았다. 고구마라도 캐오면 저장할 창고가 없으니까 선반 밑에 놓아두었고, 우리 가족은 고구마 옆에서 잤다.

　오줌을 싸면 엄마가 덮고 있던 이불, 누나들이 덮고 있던 이불이 모두 젖었다. 그러면 온 식구가 일어나 옷부터 벗어 일단 찬물에 빨아 따뜻한 솥뚜껑 위에 올려놓고 말린다. 당장 내일 그 옷을 입고 학교에 가야 하기 때문이다. 제대로 마르지 않아서 꾸덕거리는 젖은 옷을 입고 학교 가는 날이면 누나들의 눈총이 얼마나 따갑던지….

　그 때는 공장도 없고 식당도 없으니 전업주부가 할 수 있는 일이라고는 고작 해야 산에 가서 나무하고 나물 캐서 파는 일이었다. 봄이면 산나물을 뜯고, 여름이면 남의 집 일을 돕고, 가을이면 감을 따서 장에 가서 팔고, 돌아오는 길에 젓갈 가지고 와서 집집마다 한 바가지씩 팔고, 겨울이면 '무척산'에 올라가서 나무를 해야 겨우 다섯 식구 먹고 살 수 있었다.

　지금은 산에 가면 나무가 흔하지만, 그 때는 집집마다 유일한 난방도구가 나무였기 때문에 참 귀했다. 나무가 얼마나 무거운지 메고서 산을 오르락내리락 하는 것이 너무 힘들어서 중간 즈음에 모아두었다가 점심시간 때 쯤 한꺼번에 몰아서 지고 내려왔다. 그렇게 나무 한 짐에 200원씩 받아야만 겨우 겨울을 날 수 있었다.

　어머니는 이렇게 힘들게 우리를 먹이고 입혀 키우셨지만, 우리들은 참 철도 없었다. 산에 가서 나물을 캐거나 나무를 하느라 어머니는 코앞도 제대로 보이지 않는 캄캄한 밤이 되어야 집에 들어오셨는데, 우리들은 이불 밑에 넣어둔 어머니 밥까지 남기지 않고 모조리 먹어치웠다.

시장한데 요기할 것이 없으니 어머니는 물에 김치를 넣고 푹푹 끓인다. 그러면 김치죽도 아니고, 김칫국도 아닌 멀건 정체불명의 것이 된다. 그렇게 물에 둥둥 뜬 김치 건더기 건져 먹으면서 끼니를 때우셨다. 끙끙거리다가 토하기라도 하는 날에는 노란 똥물과 김치 잎 같은 것이 나온다. 어머니는 늘 머리가 아프다며 정체 모를 흰 두통약을 마치 보약처럼 챙겨 먹었다.

하루는 홍수가 났는데 그날따라 어머니가 팔을 다쳐서 수건을 동여매고 있었다. 얼마나 비가 오는지 감당 못할 물이 밀려들어오자 어머니께서는 한 손으로 그 무거운 보릿자루를 들어 옮겼다. 아마도 저것이 떠내려가면 우리 식구 굶어 죽겠다고 생각하자 초인적인 힘이 나온 듯하다.

이런 어머니를 보면서 어린 마음에 늘 다짐했다.

'크면 반드시 어머니를 호강시켜 드려야지.'

'무슨 일이 있어도 어머니는 절대로 고생하시지 않도록 해야지.'

중학교 2학년 때 친구 따라서 처음 교회를 나갔고, 중학교 3학년 때 하나님의 말씀을 듣는 가운데 구원의 확신을 갖게 되었다.

'예수님께서 내 죄를 위하여 죽으시고, 나를 위해서 부활하셨구나. 예수님이 내 죄를 모두 용서해 주셨구나. 이제 나는 오늘 죽는다고 해도 천국에 가겠구나.'

나처럼 초라한 자가 구원받았다는 사실이 얼마나 감사하고 감격적이었는지 모른다.

하나님의 은혜로 구원의 확신을 갖게 된 후 가장 먼저 어머니가 생각났다. 어머니만 떠올리면 눈물이 멈추지 않았다. 천국을 바라볼 때마다 어머니가 걸려서 마음이 아팠다. 구원의 확신을 받고 난 그 날부터 구원받지 못한 가족들을 위한 기도를 하면 하염없이 눈물만 흘렸다.

'나는 구원받았지만 우리 어머니는 오늘이라도 돌아가시게 되면 지옥에 가실 것이 뻔 한데 어떻게 하나?'

'예수 믿지 않으면 천국에 갈 확률은 0.000001%도 되지 않는데 만일 우리 어머니가 오늘 돌아가시면 어떻게 될까?'

덜컥 겁이 났다.

하나님 아버지 앞에 가서 기도했다.

"하나님, 우리 어머니를 구원해 주십시오."

"하나님, 우리 가족을 구원해 주십시오."

중학교 3학년을 마치고, 고등학교 입학하기 전에 무척산 기도원에서 열리는 집회에 참석했다. 지금은 은퇴하신 목사님이 새벽예배 말씀을 전하셨는데, 그 때에도 제일 앞에 앉아서 열심히 들었다.

기도에 대한 설교를 하시면서 이렇게 간증하셨다.

"1년 동안 기도하던 것을 철야하면서 기도하면 6개월 만에 이루어지고, 금식하면서 기도하면 한 달 만에도 이루어집니다. 또 새벽에 나와서 하루에 두 시간씩 기도하면 능력을 받습니다."

얼마나 은혜를 받았는지 아득하기만 하던 가족구원이 당장이라도 손에 잡힐 것만 같았다. 2시간 기도하는 것이 얼마나 긴지도 모르면서 그 자리에서 서원기도를 드렸다.

'고등학교 3년 동안 새벽마다 2시간씩 기도하면 하나님께서 반드시 이루어주실 것이다. 하나님, 우리 어머니의 구원을 위해서 고등학교 3년 동안 새벽마다 2시간씩 기도하겠습니다.'

고등학교에 입학하기 전날 밤, 잠자기 전 하나님께 기도했다. 그때에는 살림형편이 조금 나아져서 작은 방이 두 칸 있는 6만 원 짜리 조그마한 집을 사서 이사 간 후였다.

"하나님, 저는 새벽기도 나가는 습관이 들어있지 않았습니다. 우리 집은 괘종시계도 없습니다. 하지만 내일부터 새벽기도에 나가기 원합니다. 우리 어머니를 구원해주시고 우리 가정을 구원해주십시오. 제가 새벽기도를 나갈 수 있도록 깨워주십시오."

기도한 후 작은 방에서 잠을 잤다.

다음 날 새벽, 잠결에 손이 하나 쑥 나오더니 나를 탁 치는 것이 느껴진다.

"현보야! 일어나라!"

놀라서 벌떡 일어났다.

아무도 없다.

기드온협회에서 받은 파란 성경책을 들고서 교회로 갔다. 교회는 마을 가장 위에 있고, 우리 집은 밑에 있어서 10분 정도 걸어가야 한다. 그런데 교회 가는 걸음걸음이 얼마나 행복한지 모른다.

무척산 기도원 밑에 있는 생철교회는 거실과 방을 틔워 예배당으로 사용했다. 무척산 기도원에 사람 되라고 올려 보내진 깡패 몇 명이 있었는데 이 사람들이 술만 마시면 사모님에게 와서 행패를 부렸다. 전도사님은 서울로 공부하러 가셔서 금요일이나 토요일에 내려오셨고, 외지에서 오신 사모님은 무서워서 대문을 꼭꼭 잠가 두셨다. 너무 일찍 도착한 탓에 담을 넘어서 문을 열고 본당으로 들어갔다.

3월 새벽, 체육복 하나 입고 마룻바닥에 앉아서 기도하는데 얼마나 추운지 모른다. 달달 떨려서 기도할 수가 없었다. 주변을 둘러보니 방석이 보였다. 방석을 전부 끌고 와서 몸을 덮기도 하고 깔기도 했다. 교회 안에는 5촉짜리 불이 하나 켜있고 기둥시계만 보인다.

어머니의 구원을 위한 간구로 기도를 시작했다. 얼마나 감동이 되는지 모른다.

"하나님, 오늘부터 어머니를 위해서 기도를 합니다. 우리 어머니를 구원해 주십시오."

간절하게 한참 기도한 후 시계를 보니 딱 5분 지났다.

그 다음에는 형님과 누님들이 예수 믿게 해달라고 기도했다. 정말 열심히 기도한 후 얼마나 시간이 지났는가 보니까 5분도 지나지 않았다.

교인들을 위해서 기도해야 하겠다고 생각하고 열댓 명 교인들을 위해 기도했다. 전도사님을 시작으로 해서 사모님을 위해서, 자녀들을 위해서, 차례대로 기도한 후 그 다음에는 예배시간에 어른들이 대표기도하시는 것처럼 기도했다. 떠오르는 기도를 모두 한 후 시계를 보니까 10분 정도 지났다.

'2시간을 어떻게 다 때우지?'

까마득하다.

할 수 없이 성경책을 읽기로 했다. 그 때 할머니 한 분이 새벽기도를 나오셨다. 교회 방석은 모조리 끌어다놓고 성경책을 보고 있는 나를 어이없는 눈빛으로 보면서 퉁명스레 묻는다.

"뭐하노?"

"새벽기도 합니다."

"젊은 사람이 성경책을 보려면 낮에 볼 일이지…."

한 말씀 하시더니 5촉짜리 불을 탁 꺼버린다. 당시 교회는 하도 가난해서 전기요금까지 모두 보조를 받았는데 아마도 전기가 아까우셨던 모양이다.

엄청 길고 긴 2시간을 겨우 채우고 집으로 돌아갔다.

처음이라 지루했지만 집에 오는 내내 마음은 기뻤다.

그 날 밤, 잠들기 전 또 기도했다.

"하나님, 오늘 저를 깨워주신 분이 하나님이시라면 내일도 저를 깨워주십시오."

다음날 새벽에도 놀랍게도 손이 하나 나오더니 내 어깨를 두드린다.

"현보야! 일어나라!"

새벽기도회를 가면 기도할 내용이 10분 이상 생각나지 않아 지겨웠지만, 이렇게 기도할 수 있도록 깨워주시는 하나님께 얼마나 감사했는지 모른다. 일어나서 불을 켜고 성경책을 들었다. 잠에서 덜 깨어 비몽사몽중 성경책을 들고 교회를 가려고 나서는 순간 내 안에서 말로 표현할 수 없는 기쁨이 울음으로 터져 나왔다.

도저히 울음을 멈출 수가 없어 엉엉 소리 내어 울었다.

"하나님이 나를 사랑하시는구나."

"하나님이 이 세상에서 나를 가장 사랑하시는구나."

"살아계신 하나님이 직접 나를 깨우시고 말씀하시는구나. 하나님 아버지, 감사합니다!"

하도 대성통곡을 하면서 우니까 어머니가 놀라며 묻는다.

"뭐꼬? 와 그러는데?"

"엄마! 아무 것도 아이다!"

제대로 말도 못하고 엉엉 울었다. 참으려고 하면 할수록 얼마나 눈물이 나오는지 울면서 교회를 갔다. 교회에 가서도 울고 집에 오는 길에도 내내 울었다.

은혜를 받고 나니 주님을 몰라 구원받지 못하는 자들이 얼마나 불쌍하게 보이는지 사람만 봐도 눈물이 난다. 온 동네 학생들을 태운 통학버스를 타고 등교하는데, 콩나물시루 같은 차 안에서 사람들의 눈동자만 봐도 눈물이 난다.

수업 시간에 선생님을 봐도, 친구들을 봐도 눈물이 난다.

"니 와 우노?"

"모릅니다."

친구들이 묻는다.

"니 와 우는데?"

"몰라."

3개월 내내 눈물이 멈추지 않았다.

신기하게도 하나님께서는 네 번씩이나 동일하게 나를 깨워주셨다. 그 때 깨달았다.

'하나님은 이념이나, 사상이나, 종교가 아니라 믿음으로 받아들여야 한다. 하나님은 살아계신 분이라서 아무리 우리가 부족하고 연약해도 하나님을 신뢰하고 나가면 반드시 자신을 나타내 보여 주시는구나.'

그 때부터 더욱더 신앙생활에 매진하게 되었다.

지금도 그렇지만 당시 전도사님들은 주일성수의 중요성에 대해서 참 많이 강조하여 설교하셨다. 하루는 전도사님이 이런 설교를 하신다.

"여러분, 일제 강점기 때 우리 조상들이 어떻게 예수님을 믿었는지 아십니까? 하루는 강단에 서신 목사님을 보고 교인들이 깜짝 놀랐습니다. 수염이 반만 깎여있었기 때문입니다. 예배를 모두 마친 후 교인들이 목사님께 묻습니다. '목사님, 왜 수염을 반만 깎았습니까?' 사실은 주일을 준비하느라 토요일 늦게 씻었습니다. 그런데 수염 반을 깎는 순간 시계를 보니까 12시가 된 것입니다. 어떻게 안식일에 수염을 깎습니까? 그래서 반만 깎았습니다.'

"어떤 목사님은 두루마기 동정을 채 끝까지 달지 않고 대충 끼어서 교회에 왔다고 합니다. '목사님 왜 그렇게 하셨습니까?' 그 때만 하더라도 목사님들은 옷이 한 벌 밖에 없었습니다. 사모님께서 옷을 빨아 다려서 동정을 달던 중 안식일이 된 것입니다. '어떻게 안식일에 바느질을 할 수 있는가? 그래서 그 모습으로 예배를 드리러 오셨다고 합니다."

얼마나 감동적인 말씀인가? 요즘 세상에 그런 일이 어디 있느냐고 우습게 여기는 사람들도 있겠지만, 나는 그 말씀을 문자 그대로 받아들였다. 물론 지금은 우리 선조들처럼 문자적으로 그대로 지키기는 힘들다. 하지만 마음만큼은 그런 마음으로 살아야 하나님께서 기뻐하신다고 믿는다.

하나님은 정성을 다해서 섬기는 주일, 최선을 다하는 드리는 예배를 기뻐하시고 그 곳에 임재 하신다는 말씀을 들으면서 신앙이 자랐으니 주일에 교회에 가지 않는 것은 상상할 수 없는 일이었다.

고등학교 1학년 가을 어느 날, 주일 아침에 밥을 먹고 있는데 어머니께서 말씀하신다.

"니가 예수한테 빠져서 일요일마다 교회를 가는데 오늘은 절대로 못 간다. 우리 논이 두 마지기가 채 되지 않지만 반은 이미 내가 낫으로 베어놓았다. 오늘 너랑 나랑 나머지를 베어야 내일부터 내가 남의 집 일을 할 수 있으니까 같이 벼 베기를 하러 가자!"

생명처럼 주일을 지키겠다고 다짐했는데 어찌해야 할지 참으로 난처했다.

어머니께서 낫을 갈고 계시는 동안 살짝 도망 나와 교회로 갔다. 주일 성수가 하나님 명령이기에 배운 대로 지켰지만, 어머니만 생각하면 마음이 아프다. 오전 예배를 드린 후 오후 늦게 조용히 집에 와서 밥을 먹으려고 하는데 어머니가 호통을 치신다.

"이놈의 자식아! 뭐 하려고 왔노? 나가라! 교회에서 밥 안 주더냐? 안 나가나? 나가라!"

밖으로 밀어내는 엄마를 겨우 말리며 집안으로 들어갔다. 플라스틱 상에 밥이랑 반찬을 대충 얹어 놓고 먹고 있는데 어머니가 분통이 가시지 않았는지 또 버럭 화를 내신다.

"이놈의 손아! 내가 너 하나 믿고 사는데 네가 예수한테 미쳐서 이 늙은 에미가 이렇게 고생하는데 하루 벼 베는 것도 도와주지 못하고…."

하시는 말씀마다 구구절절 옳으니 뭐라 대꾸할 수도 없다. 엄마가 얼마나 화가 나셨는지 상을 들썩거리는 바람에 아예 국에 밥을 말아서 들고 서서 먹었다.

"이제 교회만 가봐라. 이놈의 원기 그 녀석이 우리 아들을 꼬셔서…."

전도사님이 우리 마을 출신이었는데, 심지어 전도사님까지 들먹이며 뭐라고 하신다. 그렇게 한참동안 쉬지도 않고 하나님 욕도 하고, 예수님 욕도 하고, 교회 욕도 한다.

급기야 성경책을 짝짝 찢어서 불에 태우신다.

"이제부터 교회만 가봐라!"

밥을 다 먹은 후 저녁예배를 드리려고 나섰다.

몰래 신발을 신고 있는데 부엌에서 소리를 지르신다.

"어디 가노?"

사실대로 말씀드렸다.

"교회 가려고."

부엌에서 나온 어머니는 마루청 끝에 서서 쉼 없이 욕을 하신다. 하나님 욕하다, 예수님 욕하다, 교회 욕하다… 정신이 하나도 없다. 심지어 예수쟁이들은 부모도 모르는 것들이라고 하신다. 온 동네 예수쟁이들은 전부 미친놈이라고 하신다.

어머니 말씀을 듣는데 가슴이 찢어질 듯 아프다.

'창조주 하나님을 모르면 이렇게 되는구나.'

어머니를 향한 기도가 더욱더 간절해졌다.

'하나님, 우리 어머니 예수님 믿게 해주십시오. 기도하는데 왜 안 됩니까?'

그리고는 쉼 없이 욕을 쏟아내는 어머니를 등에 업었다.

"니 뭐하노?"

"엄마는 교회 한 번 가봤나? 교회는 한 번 가보지도 않았으면서 왜 예수님 욕하고, 전도사님 욕하는데?"

"야, 이놈아! 내가 뭣하러 교회 가노?"

"한 번도 교회에 가보지 않고 예배도 드려보지 않았으면서 하나님 욕을 하면 되나? 엄마 나랑 함께 교회 한 번 가보자! 오늘이라도 죽으면 엄마는 지옥에 갈 건데 어떻게 할래?"

"니가 죽어봤나? 천국 가 봤나?"

고래고래 소리 지르는 어머니를 업고 동네 이쪽 끝에서 반대편 끝에 있는 교회를 향해 뛰었다.

업혀서도 소리를 지르신다.

"이 자식아! 안 내려놓나?"

학생인지라 머리카락도 짧은데 안간힘을 다해 그 머리카락을 움켜잡고 뜯으면서 내려놓으라고 소리를 지르신다. 말을 듣지 않자 이제는 온 얼굴을 부여잡는다. 얼굴이 벌겋게 되었다.

마을회관 앞을 지나는데 서너 사람이 서 있다.

엄마가 동네 사람들을 보면서 소리를 지른다.

"아이고, 나 좀 내려 주이소!"

동네 사람들이 나를 거들어준다.

"왜 그렇습니까? 아들이 그렇게 소원이라는데 한번 가보이소."

발버둥치는 어머니를 간신히 업고 교회로 달려가서 일단 예배당 안에 앉혀 드렸다. 지금까지 어머니의 기세라면 당장이라도 화를 내며 밖으로 뛰쳐나와야 맞다. 그런데 교회에 들어서자 고개를 숙이고는 가만히 앉아 계신다.

예배를 마친 후 전도사님이 반갑게 어머니 손을 잡았다.

"아이고, 모친! 어떻게 교회를 다 오셨습니까? 반갑습니다."

"놓으소. 마!"

화를 내더니 밖으로 나갔다.

가로등조차 없는 비포장도로 길을 내려오는 내내 걱정이 태산이다.

'오늘 맞아 죽었구나. 어떻게 하지?'

교회 다닌다고 혼난 것이 처음은 아니다. 전에는 형님에게 험한 일을 당하기도 했다. 한번은 잠자고 있는데 느낌이 이상해서 눈을 떠보니 형님이 낫을 들고 머리 위에 있었다.

"도대체 왜 말 안 듣고 교회를 다니겠다고 하는 거야?"

낫을 들고 죽이겠다며 난리를 치는데 얼마나 놀랐는지 신발도 제대로 신지 못하고 도망쳐 나왔다.

한번은 장독 뚜껑을 가지고 내리치려고 해서 피한 적도 있다.

하지만 어머니에 비하면 형은 비할 것도 되지 않는다. 혼자 우리 사남매를 키우시다 보니 참 강하셨다. 그러니 지금까지 당한 일은 아무 것도 아니다. 이제는 정말 죽을 일만 남았는 줄 알았다.

집에 도착하자 어머니가 조용히 나를 부르신다.

"야, 야!"

"예, 엄마."

"이제부터 네가 교회 가는 것은 뭐라고 하지 않겠다. 하지만 한번만 더 나를 이런 식으로 교회로 데리고 가면 가만히 두지 않겠다."

더욱더 간절하게 어머니를 위해서 기도했다. 아무리 기도해도 어머니가 예수님을 믿을 기미는 눈곱만큼도 보이지 않았다. 어머니는 내가 교회 다니는 것을 겨우 허락했지만, 형제들은 전보다 더 심하게 핍박했다. 성경책만 보이면 찢어서 불 속에 넣는다.

그렇게 타다 남은 성경책을 꺼내면서 얼마나 울었는지 모른다.

그 다음해 여름, 가족들이 모두 모여 식사를 하고 있는데 방 한 구석에 있던 교회 주보가 형님 눈에 띈 것이다. 하필이면 그 때 십일조 낸 사람 명단에 내 이름이 있었다. 그것을 본 형님이 기회는 이때다 싶어 다짜고짜 들이댄다.

"요즘 예수쟁이들은 이런 쪼그마한 아이들에게까지 돈을 내라고 하네."

그러더니 본격적으로 교회 욕을 하기 시작한다. 그러자 누님과 어머니도 기다렸다는 듯 하나님 욕하고 교회 욕하는데 동조한다.

참고 또 참아보지만 얼마나 화가 나는지 도저히 안 되겠기에 논리적으로 반박도 해봤다. 하지만 말이 통하지 않는다.

마지막 방법밖에 남지 않은 듯하다.

'하나님, 제가 죽어야 이 사람들이 하나님에 대해서 생각이라도 해 볼 것 같습니다.'

밤 11시 경 가족들에게 선전포고를 했다.

"엄마랑, 형이랑, 누나랑 잘 들으십시오. 우리 식구들이 예수님을 믿을 때까지 전 오늘부터 금식할 것입니다. 정말 이렇게 계속 믿지 않으면 굶어죽을 겁니다."

정말 집안 식구들이 구원을 받을 수 있다면 금식하다가 굶어죽더라도 좋겠다는 각오였다.

형님이 빈정거린다.

"아이고 잘 되었네. 너는 아침 먹고 학교 가서 2교시 끝나고 또 밥 먹고, 4교시 끝나고 밥 먹는데, 너 하나 굶으면 우리 집은 금방 부자 되겠다. 차라리 굶어라."

다음 날 새벽기도를 다녀온 후 아침을 굶은 채로 학교에 갔다.

공복에 학교에 가니 배에서는 쉼 없이 꼬르륵 소리가 진동을 한다. 겨우 하루 굶었는데 얼마나 배가 고픈지 눈이 튀어나올 지경이다. 집에 돌아오니 형님과 누님들은 부산으로, 마산으로 돌아가고 어머니 혼자 계셨다.

어머니께서 방에 들어와 묻는다.

"밥 먹었나?"

"엄마가 예수님 믿지 않으면 굶어 죽는다고 안 했나?"

"야 이놈의 손아! 예수는 무신 예수!"

내 말을 무시하더니 밥상을 차려 오신다.

"엄마가 예수 믿지 않으면 내는 정말 굶어 죽을끼다."

작은 방으로 건너가 문을 걸어 잠갔다.

문 밖에서 몇 번 밥 먹으라고 불러도 내가 마음을 바꾸지 않자 화를 내며 상을 치우신다.

"굶어 죽든지 말든지 니 마음대로 해라."

다음날 새벽기도를 마치고 돌아와 학교를 가려고 준비하는데 어머니께서 밥상을 차려놓고는 밥 먹고 가라고 하신다.

"엄마가 예수님 믿지 않으면 내는 굶어 죽을 끼다."

또 그냥 학교에 갔다.

이틀째는 학교에서 돌아오니까 어머니께서 먼저 와서 나를 기다리고 계셨다.

"밥 먹어라."

"엄마가 예수님을 믿는 것을 내 눈으로 보지 못하면 나는 굶어 죽는다니까."

작은 방으로 들어가서 문을 걸어 잠갔다.

밖에서 어머니가 소리 지르신다.

"이놈의 손아! 내가 너 하나 믿고 사는데 예수 때문에 밥도 처먹지 않고 죽으면 니 어떻게 할 것이고? 형이고 누나고 신경 쓰지 말고 우리 둘 밖에 없으니까 제발 밥 좀 먹어라. 니 굶었다고 내 말할게, 밥 먹어라."

12시쯤 되었는데 또 밥상을 차리시더니 달랜다.

"밥 안 먹을래? 니가 열심히 기도하면 혹시 아나? 내가 예수 믿을랑가. 그러니 일단 밥부터 먹어라!"

"안 먹을랍니다."

굶은 지 삼일 째 되는 토요일 아침이다.

새벽기도를 다녀와서 그냥 학교에 갔다.

"도시락이라도 가지고 가지."

"엄마가 예수님 믿지 않으면 내는 굶어 죽을끼다."

학교로 가는 버스를 탔다. 우리 마을은 물론이고, 면에 사는 학생들이 모두 타고 다니는 버스다. 막 출발하려고 하는데 저 멀리서 어머니께서 뛰어오며 차를 붙잡는다.

"서라!"

허겁지겁 뛰어오는 어머니를 보고는 운전사가 문을 열어 묻는다.

"할머니 왜 그러십니까?"

"우리 아들 도시락 주려고… 우리 현보 어디 있노?"

동네친구들이 도시락을 받아서 내게 건네준다. 나는 차 문을 열고 도시락을 땅에 던져 놓으면서 말했다.

"엄마가 예수님 믿지 않으면 나는 굶어 죽을끼다."

그 버스에는 여학생들도 많이 탔는데, 죽을 각오를 하니까 부끄러울 것이 없었다.

가끔 '저는 원래 부끄러움을 많이 타서 전도하지 못하겠습니다' 이렇게 말하는 사람들이 있다. 어떤 사람은 미안해서 전도하지 못하겠다고 한다. 하지만, 죽기를 각오하고 영혼을 구원하려고 하는 자에게는 부끄러울 것도 없고, 미안할 것도 없다.

토요일, 집에 돌아가니까 어머니가 일도 나가지 않고 나를 기다리고 계신다.

작은 방에 들어가서 누웠다.

"앞으로 내 예수 믿을게 밥 먹어라."

"엄마가 교회 가는 것을 내 눈으로 봐야 밥을 먹지 그렇지 않으면 먹을 수 없습니더. 엄마는 오늘이라도 죽으면 지옥에 갈 건데 어떻게 밥을 먹습니꺼? 짐승들이 하나님을 섬기는 것 봤습니꺼? 왜 사람만 신을 섬깁니꺼? 영혼이 있기 때문입니더. 왜 사람만 하나님을 찾습니꺼? 영혼이 있기 때문 아닙니꺼? 의식적으로는 모른다고 하고 믿지 않을지라도 맘속 영혼은 하나님을 믿어야 영원히 산다는 것을 아니까 신을 섬기는 것 아닙니꺼?"

그렇게 실랑이를 벌이다 잠이 들었다.

다음 날 주일 아침이다.

오토바이 소리로 밖이 시끄럽다.

"손 선생님! 빨리 밥 먹으십시오."

전도사님 목소리다. 신학교에서 공부하시느라 주중에는 멀리 계셔서 우리 집에서 일어난 일을 알 리가 없는데 어떻게 알고 오셨는지 신기해서 물었더니, 어머니께서 새벽기도에 나오셨다고 한다. 새벽예배 마친 후 강대상에서 기도하고 계신 전도사님에게 어머니가 오셔서 그간 있었던 일들을 자초지종 설명한 것이다.

"전도사님, 우리 현보가 사흘째 밥을 먹지 않고 있습니다. 얼마나 고집이 센지 제가 교회에 나오지 않으면 밥을 먹지 않겠다고 합니다. 이제 내가 교회 왔으니까 전도사님께서 빨리 가서 우리 아들 밥 좀 먹게 해주십시오."

전도사님의 말을 듣자 얼마나 감사한지, 하나님께 감사기도를 드린 후 어머니께서 끓여주신 죽을 세 그릇이나 싹싹 비웠다.

10시 30분 경 엄마와 함께 교회에 가려고 부엌문을 열고 말했다.

"엄마, 예배 시간 되었는데 교회 가야지."

엄마는 옆에 있던 솥뚜껑을 탁 놓으며 말씀하신다.

"이놈의 손아! 니가 굶어 죽을까봐 새벽예배 때 교회 가서 부탁했지만, 앞으로는 내 그렇게 안 한다. 니가 굶어죽든 배 터져 죽든 니 혼자 예수 믿어라. 나는 이제 안 간다."

참으로 황당했다.

"하나님 언제 우리 가정이 구원되겠습니까?"

끝도 보이지 않고 아득하다.

고등학교 3학년 때 신학대학 시험을 치렀다. 합격했다. 아무리 주변을 둘러봐도 도와줄 사람 없고, 아무리 계산해 봐도 우리 집에는 등록금을 낼 돈이 없었다.

용기를 내서 우리 집안에서는 가장 부자인 논 백마지기를 가지고 있던 삼촌을 찾아갔다.

"니도 알다시피 우리 아이들이 동아대학교와 부산대학교를 다녔는데, 한 아이 보낼 때마다 논 30마지기가 필요하더라. 너희 집은 논 두마지기도 없는데 어떻게 대학을 갈 수 있겠냐? 어림도 없다."

"삼촌, 제가 대학을 가는지 못 가는지 두고 보십시오. 과정은 모르지만 저는 반드시 신학대학을 졸업하고 목사가 될 것입니다."

삼촌이 비꼬아 말해도 내가 당당하게 말할 수 있는 것은 하나님께서 내 기도를 들으신다는 확신이 내 안에 있었기 때문이다. 눈을 뜨면 진학할 수 있는 가능성은 거의 제로에 가까운 0.1%도 되지 않는 확률이었지만, 눈을 감고 기도하면 신학대학에 입학하는 꿈이 이루어질 것이 더욱더 확실하게 믿어졌다. 하나님께서 어떤 방법으로 행하실지는 알 수 없었지만 이루어주실 것이 확실하게 믿어졌다.

큰소리는 쳤는데 등록 마감일 하루 전까지도 단돈 만 원이 준비되지 못했다. 그 때에도 여전히 어머니는 교회에 다니지 않으셨지만, 이런 나를 보면서 한숨을 쉬며 속상해 하셨다.

"못난 부모 만나서 학교도 다니지 못하고…."

마음은 답답한데 어디 가서 바람이라도 쐴까 하는데 마침 생각나는 일이 있었다. 주례 삼거리 철길 뒤로 올라가면 '불현사'라는 절이 있다. 친구와 함께 놀러갔다가 그 근처에서 우물물을 마셨던 적이 있는데 그 때 한 스님이 나를 보시면서 자기 동자승이 되라고 하셨다.

　그 때 친구가 이렇게 말했다.

　"애는 앞으로 신학을 공부하고 목사가 되려고 하는데요."

　"그래? 그럼 나중에 놀러나 오거라."

　바람도 쐴 겸 김해로 나가서 차를 타고 부산으로 가서 그 절로 올라갔다.

　마침 그 때 만났던 스님이 계셨다.

　"어찌 왔는가?"

　"놀러오라고 해서 놀러왔습니다."

　"목사 된다고 하더만 이번에 시험은 쳤나?"

　"시험은 쳤습니다."

　"합격했나?"

　"합격했습니다."

　"등록은 했나?"

　"아직 등록하지 못했습니다."

　"요새 등록금은 얼마나 하나?"

　"입학금하고, 학비 모두 합하면 60만 원 정도 됩니다."

　"그러냐. 그럼 놀다가 가거라."

짧은 대화를 나눈 후 스님과 헤어져 산에 올라갔다. 내려오는 길에 절에서 일하는 아주머니가 나를 불러 세운다.

"돌아갈 때 스님을 만나 뵙고 인사나 하고 가거라."

아주머니가 일러준 스님이 계신 곳으로 갔다.

문 앞에 서서 인사를 드렸다.

"스님, 놀다 갑니다."

문을 여시더니 나를 부르신다.

"안으로 들어오너라."

스님과 마주 보며 앉았다. 그러자 스님이 돈봉투를 건네신다.

"이 돈으로 등록하거라."

"스님, 제가 이 돈을 받아도 됩니까?"

"받아도 되지. 열심히 예수 믿어서 나중에 부처가 되면 되지."

봉투 안에는 60만원이 들어있었다. 그 돈으로 등록을 마친 후 집으로 갔다.

캄캄한 밤이 되어도 내가 들어오지 않으니까 어머니께서 걱정이 되셨는지 대문 밖에서 기다리고 서 계신다. 멀리서 어머니를 보는데 얼마나 반가운지 뛰어가 안겼다.

"엄마!"

"어디 갔다 오노?"

"등록했다."

"어떻게?"

"내가 전에 불현사 스님 한번 말하지 않았나? 그 스님이 60만원

줘서 등록하고 왔다."

그러자 어머니는 우리 집 마당에서 절을 향하여 서시더니 '나무 관세음보살' 한다.

"엄마, 그건 부처님이 한 게 아니라 하나님이 하신 일이지."

기적처럼 신학대학에 입학을 했다.

막상 입학을 하고 나니까 이젠 갈 곳이 없다. 집에서 통학할 거리는 되지 않았고 그렇다고 해서 기숙사비는커녕 밥 사먹을 돈조차 없었다. 가방을 돌리며 어디로 갈까 생각하다가 그 때 또 떠오른 곳이 절이었다.

절로 올라갔다.

가보니까 스님이 계셨다.

"스님, 덕분에 등록은 잘 했습니다."

"어, 그래?"

한참 이런 저런 이야기를 나누던 가운데 스님이 물으신다.

"집이 김해에서도 더 들어간다고 했는데 어디에서 생활하려고 하나?"

"아직 거할 곳을 정하지 못했습니다."

"특별히 갈 곳이 없으면 다락을 내어줄 것이니 거기서 먹고 생활하면 어떤가?"

스님 말씀이 우리교회로 치면 교육관 같은 것을 지었는데 부속 건물이 본당보다 두 배는 더 크다고 한다. 거기에 무척 넓고 좋은 다락이 있으니 거기 머물라고 하신다.

"저… 오늘부터요?"

"그럼! 오늘부터 있어도 되고말고."

그렇게 그 날부터 절에서의 생활이 시작되었다.

저녁이 되었다. 절에서 제사를 지내는 모습을 보면서 얼마나 놀랐는지 모른다. 등록금이 60만원이었던 시절인데 49재를 지낸다고 사온 과일 값이 30만원어치다. 그 때만 하더라도 파인애플 같은 수입과일은 구경도 하지 못하던 때인데 최고 좋은 과일들을 차려 놓고 제사를 드린다.

제사를 마친 후 일하시는 분이 과일을 종류별로 몇 개씩 담아서 다락으로 가지고 올라왔다.

"저는 제사 지낸 것은 먹지 않습니다."

다음날 아침이다.

스님과 함께 겸상한 밥상이 차려졌다. 입 밖으로 소리는 내지 못하고 눈을 감고 조용히 기도를 했다.

스님이 물으신다.

"뭐하노?"

"기도합니다."

"밥을 누가 주는데?"

"하나님께서 주셔서 먹는 것 아닙니까?"

"야, 내가 일해서 너한테 밥을 주는데 넌 누구한테 기도하냐?"

"스님도 다 하나님 은혜로 사는 것 아닙니까?"

알고 보니 스님도 일제 강점기 때 교회 주일학교를 다니셨다고 한다. 그래서 그런지 내게 참 잘해 주셨다.

다음날 학교에서 돌아오니까 다락방으로 또 과일이 올라왔다.

"이 과일은 먹을 수 없습니다. 죄송합니다."

"스님께서 손 군은 제사 드린 음식은 먹지 않으니까 제사 드리기 전에 미리 담아다가 갖다 주라고 하셨습니다. 제사상에 올린 음식 아니니까 걱정하지 말고 맛있게 드십시오."

그렇게 스님에게 용돈도 받고, 책값도 받고, 등록금도 받으면서 신학대학을 다녔다.

절에서 지내면서도 새벽마다 근처 교회에 가서 새벽기도를 드렸다. 스님은 날마다 새벽 4시가 되면 일어나셔서 절을 한 바퀴 도시면서 목탁을 두드리고 예불을 하셨다. 그렇게 스님의 예불을 마치면 나는 성경책을 들고 큰 소리로 찬송가를 부르면서 뛰어서 새벽예배를 드리러 갔다. 고등학생 때부터 새벽기도를 갈 때에는 목이 트이라고 찬송을 하면서 갔던 것이 습관이 되었기 때문에 그렇게 했다.

그러자 마을 밑에서는 이상한 소문이 돌았다.

"저 절에는 목사하고, 중하고 같이 산다."

심지어 정말 목사하고, 중하고 같이 사는지 구경하려고 절에 올라오신 분도 있었다.

그렇게 1년 동안 절에서 지내면서 깨달은 것이 있다.

'하나님의 복음을 전하고자 하는 마음만 가져도 하나님은 우리의 삶을 기적적으로 인도하시는구나.'

하나님의 인도하심이 아니고서는 도저히 이해할 수 없는 내 삶을 직접 보셨기 때문인지 어머니의 마음이 보이지 않게 조금씩 움직였다.

그러다 급기야 고향 교회 짓는 모습을 보면서 그렇게 완고하던 어머니의 마음이 우르르 무너졌다.

'아이고, 사람도 없는 촌에 어떻게 교회를 짓나? 내가 벽돌이라도 옮겨줘야겠다.'

이런 감동으로 예수님을 믿기 시작하더니 곧 집사직분까지 받았다.

어머니보다 더 놀라운 기적은 형님이다. 나를 죽이려고 덤비고, 온갖 말로 교회에 대한 욕설을 퍼붓던 형님이 나보다 먼저 목사 안수를 받았다. 또 큰 누님도 얼마 되지 않아 예수님을 믿게 되었다.

마산에서 일하던 작은 누님이 집에 왔을 때 교회에 가자고 했다.
"우리 가족 모두 예수 믿는데, 누나도 예수 믿자."

그 권유를 받아들여 누나도 신앙생활을 시작하게 되었다. 한 달 정도 교회를 다니다 「나는 할렐루야 아줌마였다」(최자실 지음, 서울서적 펴냄)를 읽게 되면서 뜨거운 신앙을 갖게 되었다.

도저히 불가능해 보이는 일이었지만, 하나님이 행하시자 6개월도 되지 않는 짧은 시간에 하나님께서는 온가족을 확실하게 구원해 주셨다. 나는 비록 부족하지만 가족의 영혼들을 위해서 죽기를 각오하고 기도하니 우리 가정을 사랑하시는 하나님께서 그 기도를 들어주셨다.

가물치
전도법

 한번은 텔레비전 채널을
돌리다가 우연히 낚시 관련 프로그램을 지나치게 되었다. 낚시에는 전혀 관심이 없어 무심코 다른 곳으로 바꾸려고 하는데 얼핏 들어보니 배경이 익숙한 곳, 창녕 우포늪이다. 무슨 일인가 싶어 잠시 보는데 전문 낚시꾼의 말이 귀에 쏙 들어온다.

"저는 잠자는 가물치도 잡을 수 있습니다."

한 여름 낮에는 가물치가 미동도 없이 잠을 잔다고 한다. 그런데 낚시 고수들은 그런 가물치도 잡을 수 있단다. 배도 부르고 푹 잠을 자는 가물치를 잡을 수 있다니, 얼마나 신기한가? 그것도 그물도 아닌 낚시로 말이다.

그들만의 비법을 알려주는데 참으로 많은 것을 깨닫게 한다.

날씨도 따뜻하고, 배도 부르고, 완전 최적의 상태에서 가물치는 눈을 뜰 듯 말 듯 마음껏 휴식을 즐긴다. 그 가물치 뒤로 낚시꾼이 공갈낚시를 던진다. 그런데 그 때 비법이 있다고 한다. 여느 낚시처럼 던지고 가만히 기다리는 것이 아니라, 마치 뭔가 움직이는 듯 리듬을 타줘야 한단다. 낚싯줄을 빨리 감았다 잠시 쉬었다, 또 빨리 감았다 잠시 쉬었다 하기를 반복하면 배불러 낮잠을 즐기는 가물치의 무의식속에서 마치 개구리 같은 것이 움직이는 듯한 파장이 감지된다고 한다. 그러면 잡아먹을 마음이 전혀 없던 가물치였지만 자기 앞으로 지나가는 순간 본능적으로 낚싯대를 덥석 무는데 그 때 잡는 것이다.

우연히 보게 된 방송을 통해 참 많은 생각이 들었다.

앞서 말한 대로 교회 주변이 그린벨트 지역으로 묶여있어서 거의 집이 없다. 가장 가까운 장유까지가 24킬로미터이고, 김해까지는 22킬로미터다. 그런데도 우리교회는 전도가 된다.

이상하지 않은가?

"우리 교회에 한 번만 가보자."

전도 대상자에게는 그들이 원하는 것이라면 뭐든 다 해준다. 처음 그들은 예수 믿을 마음이 전혀 없었다. 마치 눈 감고 잠자는 한여름 낮의 가물치처럼 말이다.

"나는 불교 믿어요."

"나는 예수 믿는 데는 관심이 없습니다."

"너무 바쁩니다."

아무리 그렇게 말할지라도 일단 교회에 데리고 나와서 말씀을 듣게 한다.

인간은 하나님께서 생기를 불어넣으신, 영혼이 있는 하나님의 형상으로 창조되었다. 때문에 전혀 하나님을 믿을 생각이 없었을 지라도 5분 10분 하나님 말씀을 듣고, 한 번 두 번 하나님의 말씀을 듣다보면 자기도 모르게 그의 영혼이 하나님의 말씀에 반응하게 된다.

지금까지는 사는 것이 바빠서 죽음이 뭔지 잘 몰랐다. 그런데 하나님의 말씀을 듣는 가운데 한 번도 생각해보지 않았던 것들을 생각하게 된다.

'만일 내가 오늘 죽게 된다면 어디로 가지?'

'만일 내가 오늘 죽어서 인생이 끝난다면 사랑하는 아내와 자녀들은 어떻게 되지?'

'지금까지 이토록 열심히 수고해서 양육한 자녀들인데 그들이 나중에 내가 모르는 어떤 세계로 들어간다면 내가 열심히 일하는 이유는 뭐지?'

'정말 인간은 죽으면 끝나는 것일까?'

'왜 유독 사람만 신을, 하나님을 섬기는 것일까?'

'왜 세계 만국 산간 오지에 이르기까지 유독 사람만 신을 섬길까?'

인간이 죄를 지은 후 어두워져서 하나님을 몰라서 그렇지 각 사람 속에는 저마다 영혼이 있다. 이 영혼은 육신의 죽음으로 인생이 끝나는 것이 아님을 알기 때문에, 죽음 이후에도 다른 세상이 있음을 알고 믿기 때문에 하나님의 말씀을 듣는 가운데 이런 것을 깨닫게 된다.

우리들은 어떻게 예수님을 믿게 되었는가? 단 한 사람도 예외 없이 누군가가 전해준 하나님의 말씀을 듣고 구원을 받게 되었다.

"저는 모태신앙입니다."

하지만 조금만 더 생각해 보라. 그의 부모님에게 누군가가 복음을 전해줬기 때문에 구원을 받게 된 것 아닌가? 자다 일어나서, 논에서 일하다가, 밥하다가 문득 전능하신 하나님을 믿게 된 사람은 아무도 없다.

'이 사람이 정말 믿는 자가 될 수 있을까?'

미리 생각을 제한하지 말고 일단 하나님의 말씀을 증거하라. 하나님의 말씀이 증거될 때 도저히 믿을 것 같지 않았던 사람이 예수님을 믿게 되는 일이 얼마나 많은지 모른다. 우리도 누군가 복음을 전해줘서 예수님을 믿었던 것처럼 그들도 복음을 전해들을 때 예수님을 믿게 된다.

하나님의 말씀에는 하나님의 능력이 있다. 믿음은 들음에서 나고 들음은 그리스도의 말씀으로 말미암는다. 전하기만 하면 구원을 받는데 누가 이 복음을 전하겠는가?

많은 사람들이 전도가 안 된다고 말한다. 하지만 성경은 그렇지 않다고 말씀하신다. 하나님의 말씀 소리가 온 땅 끝까지 이르렀다. 증거하지 않아서 그렇지, 증거하기만 하면 하나님을 믿게 된다고 분명히 말씀하신다. 중요한 점은 복음 전하는 자의 의지이다.

불가능해 보일지라도 전하고 또 전하라.

하루는 새신자가 내게 부탁을 했다.

"목사님!"

"왜요."

"제가 KTF 선불제를 합니다. 목사님이 그 강의를 2시간만 들어주시면 좋겠습니다."

겉으로는 마음 상하지 않게 정중하게 거절했다. 하지만 속으로는 참 기분이 나빴다.

'아니 내가 그렇게 한가한 사람처럼 보이나?'

그 사람이 하도 강권해서 이미 KTF 선불제에 가입했다. 그것만 해도 고마운 일 아닌가? 그런데 이제는 나를 강의실이 앉혀놓겠다고 한다. 아마도 이 새신자는 '우리 목사님이 가면 얼마나 좋을까' 생각했나 보다.

"죄송합니다. 시간이 없습니다."

다음 주에 또 와서 묻는다.

"목사님, 이번 주는 시간 있으세요?"

"이번 주도 시간 없습니다."

자꾸만 권하니까 점점 기분이 나빠진다. 일단 그 사람에게는 완곡하게 거절하고, 그 사람이 속한 구역장을 불렀다.

"그 사람에게 가서 내가 못 간다고 말 좀 하십시오. 내가 KTF 장사할 사람도 아니고… 못 간다고 전해주십시오."

그런데 이 사람이 또 오더니 묻는다.

"목사님, 이번 주에는 시간이 나십니까?"

정말 미치겠다. 얼마나 강권하는지 할 수 없이 바쁜 시간 쪼개서 그 곳에 가서 2시간이나 그 강의를 들었다.

그 때 깨달았다.

'나는 정말 가기 싫었고, 나와는 전혀 상관이 없는 자리인데도 하도 부탁하니까 갔다 왔지 않은가?'

KTF선불제도 그럴진대, 한번 전도하기로 마음먹은 사람이라면 포기하지 말고 간절하게 반복해서 전도해야 하는 것 아닌가? 그렇게 했는데도 교회에 나오지 않는다면 그 사람이 평소에 전도자를 어떻게 생각했다는 말인가? 아주 좋지 않은 사람이라고 생각했기 때문은 아닐까?

평소에 복음을 전하려고 선을 베풀었다면 어떻게 오지 않을 수 있겠는가?

평소에 그리스도인으로서 선한 영향력을 미치지 못했기 때문에 교회에 오지 않은 것 아닌가? 그렇지 않다면 이 정도로 부탁하면 인간으로서 몇 번은 교회에 와 주어야 되는 것이 상식 아닌가?

전도하지 못한다는 것은 하나님의 명령을 기억하지 않고 있다는 것이고, 기억하는데도 전도하지 못한다는 것은, 간절하지도 않거나 쉽게 포기했다는 증거이다.

낚시꾼은 잠자는 가물치도 잡는다고 하지 않는가? 하나님의 영이 담긴 영혼인데, 그가 혹 듣지 않는다고 어찌 쉽게 포기하겠는가? 하나님께서 그 사람을 포기하지 않는 이상 우리에게도 포기란 없다.

비행기가 날아올라 미국에 도착하기까지 똑같은 거리와 기간을 정해놓고 비교할 때 언제 연료가 가장 많이 필요한지 아는가?

   1번 활주로를 달릴 때

   2번 고도까지 올라갈 때

   3번 비행할 때

활주로를 달릴 때에는 기름이 얼마 들지 않는다. 하지만 활주로를 떠나 비상할 때에는 참으로 많은 기름이 소요된다. 심지어 비행기 뒤편에서 보면 엔진에서 기름이 돌아 공기가 분산되는 것이 육안으로도 보일 정도이다.

많은 사람들이 비상해서 정상궤도에 오르기 전 지레 포기하고 만다. 그런데 비상해서 정상궤도에 오르려다가 포기하면 어떻게 되는가? 죽고 만다. 올라가다가 엔진이 꺼지면 다 죽는다. 하지만 일단 올라가기만 하면 그 때부터는 여유롭다.

지금은 비록 어려울지라도 이 땅 구석구석에 복음이 퍼지도록 죽기까지 애써야 한다. 그렇게 비행한 후에는 반드시 하나님의 놀라운 역사가 일어나게 될 것이다.

지쳤다고 포기하지 말라.

지쳤다고 주저앉지 말라.

주저앉지 말고, 포기하지 말고, 온 성도가 힘을 합하여 비상하여 올라갈 때 하나님의 역사는 반드시 이루어질 것이다.

종교 활동
다녀오겠습니다

1983년 입대하여 논산 훈련소에서 훈련을 받을 때 의기충천하여 하나님께 약속한 것이 있다.

"하나님, 저를 어느 부대에 보내시더라도 그 부대를 완전히 복음화 시키겠습니다. 대한민국 어느 부대든 보내만 주십시오."

특공대로 차출 되었다. 낮에는 힘들게 훈련하고, 밤에는 횃불 켜 놓고 작업하고, 그야말로 월화수목금금금… 짐승과 같은 삶이었다.

자대 배치 받은 후 기도제목은 오직 하나였다.

"하나님, 제가 이 부대에서 신앙을 잃지 않도록 인도해주십시오. 그리고 전 소대를 전도하게 해 주십시오."

훈련 받는 동안, 작업하는 내내 교회가 어디 있나 찾아보았다. 자세히 살펴보니 연대 안에도 장교들을 위해 만들어진 작은 천막 교회에서 예배가 드려지는 것 같았다.

첫날, 신병이 왔다며 소대에서 회식을 열어주었다. 걱정했던 것처럼 내게 술을 권한다.

"저는 술을 마시지 못합니다. 신학생입니다."

"야! 하나님도 군대는 다 봐주신다. 행정반 ○○○도 신학교 다니다 왔는데 잘만 마시더라."

그러더니 또 권한다.

"마실 수 없습니다."

세 번을 권해도 먹지 않자, 고참이 술잔을 내리치면서 화를 낸다.

"앞으로 네가 군대 생활을 마치고 제대를 해도 내 이름 석 자를 잊지 않도록 해주겠다!"

첫 날부터 맞았다.

드디어 주일이 돌아왔다. 사병들에게 휴일은 없었다. 특공무술을 한다며 전원 연병장에 집합하라고 한다. 그런데 소문에 의하면 11시에 연대 텐트 교회에서 예배가 드려진다고 한다.

10시 30분 경, 훈련을 받다 말고 앞으로 나갔다.

"특공! 이병 손현보 용무 있어 왔습니다."

"뭐냐?"

"종교 활동을 다녀와야 하겠습니다."

얼마나 어의가 없었는지 손 하나 까딱하지 않고, 그대로 발을 들어 가슴을 차며 욕한다.

"사병 중에 교회 가는 사람이 어디 있어!"

인사하고 제자리로 돌아왔다.

5분이 지났다.

"특공! 이병 손현보 용무 있어 왔습니다."

"또 뭐냐?"

"종교 활동을 다녀와야 하겠습니다."

이번에는 미친 거 아니냐고 하더니 손으로 목 뒷덜미를 친다. 얼마나 세게 맞았는지 한 대 맞으니까 머리는 흔들거리며 정신이 하나도 없다.

제자리로 돌아갔다.

5분 후에 또 다시 앞으로 나갔다.

"특공! 이병 손현보 종교 활동 다녀오겠습니다."

이번에는 일방적으로 보고한 후 무턱대고 교회로 뛰어갔다.

"거기 서!"

부르는 소리가 들렸지만 멈추지 않고 교회로 향해 달려갔다.

우여곡절 끝에 천막으로 된 연대 교회에 들어가니 눈물이 얼마나 흐르는지 앞이 보이지 않을 정도다. 그때 흐른 눈물은 서러움의 눈물이 아니라, 감사의 눈물이었다.

"하나님, 자대 배치 받고 처음 예배를 드립니다. 저 같은 사람에게 이런 믿음을 주셔서 예배를 드릴 수 있게 하시니 참으로 감사합니다."

설교시간 내내 얼마나 울었는지 설교 내용이 뭔지 제대로 들리지도 않았다. 예배를 마친 후 자대로 돌아갔다. 자대에 들어가 보니 삼삼오오 모여서 수군거린다.

한 사람이 내게 오더니 엄포를 놓는다.

"아무리 군기 없는 신병이라지만 어떻게 종교 활동을 가냐? 넌 이제 죽었다!"

또 얻어맞았다. 또 주일이 돌아왔다. 그 날은 사격훈련이 있었다. 지난주와 마찬가지로 앞으로 나갔다.

"종교 활동을 다녀오겠습니다."

예상했던 대로 안 된다고 한다.

맞았지만 또 교회에 갔다.

다음 주, 그 다음 주 계속 교회에 나갔다.

'군대에서 최악의 상황이라고 해야 죽는 것밖에 더 있겠는가?'

이런 생각이 들자 용감해지고 마음도 가뿐했다. 매일 밤마다 불려 나가서 정신없이 얻어맞았다.

하루는 소대 고참이 나를 불렀다.

"야! 나도 옛날에는 교회를 다녔다. 그런데 정말 너 때문에 죽겠다. 좋은 말 할 때 군대 있는 동안 잠시만이라도 교회를 나가지 않으면 안 되겠냐?"

"우리나라에는 종교의 자유가 있고 저는 꼭 교회를 가야 합니다."

다음 날 오후, 무 캐는 작업을 하려고 곡괭이질을 하는데 고참이 오더니 또 교회를 다닌다며 폭언을 퍼붓는다. 군대 말이 오죽 험한가? 70%가 욕이다. 거친 말투로 하는 말의 내용인즉 이렇다.

"하나님도 군대에서 하는 것은 다 봐주셔. 목사님들도 전도사님들도 다 그렇게 하는데 너 좀 적당히 하면 안 되겠냐?"

당돌하게 대답했다.

"저는 제가 가지고 있는 믿음을 지켜야 합니다."

당돌한 말에 화가 났는지 고참이 손에 들고 있던 삽을 휘둘렀다. 순간적으로 피한다고 피했는데, 그만 삽이 입술 끝을 스치면서 찢어졌다. 입술이 닭똥집 구워놓은 것처럼 뒤집혀졌다. 의무실에 갔다. 군의관이 찢어진 입술을 꿰매주었다. 그런데 그분의 눈을 보니 눈물이 글썽글썽 맺혀있다.

"아무리 군대라고 하지만 이럴 수 있습니까?"

그 엄청난 일을 겪었지만 그 다음 주일에도 경례하고 교회에 갔고, 그 다음 주일에도 경례하고 교회에 갔다. 그렇게 6개월 동안 한 번도 빠지지 않고 교회에 갔다.

어느 날 주일 아침 일찍 사령이 나를 부른다.

"손현보! 차렷!"

그러더니 손바닥을 입 앞에 펴더니 바람을 후 분다.

'무슨 일이지?'

어이없이 바라보자 이렇게 말한다.

"교회로 날아가란 말이야!"

아무래도 저 녀석은 도저히 안 되니까 보내주자고 장교들끼리 의논을 한 것 같다.

그날 이후 주일마다 교회에 보내주었다.

주일예배를 자유롭게 드릴 수 있게 된 그 날부터 새로운 기도가 시작되었다.

"하나님, 이 부대, 내가 있는 이 자리부터 복음화가 되도록 도와주십시오."

교회에 데리고 가기 위해서 내 뒤에 들어오는 후임들의 근무를 대신 서 주었다. 또 할 수 있는 한 온갖 편의를 봐주었다. 물론 내게 주어진 일을 해내는 것만으로도 더할 수 없이 피곤했다. 하지만 후임들을 교회로 데리고 갈 수 있다면 뭐든 했다.

고참이 그렇게 해주면서 함께 교회에 가자고 하니까 후임들도 쉽게 같이 가주겠다고 한다.

그러면 나는 그 후임들을 데리고 사령실로 가서 보고를 한다.

"종교 활동 다녀오겠습니다."

"뒤에 사람들은 뭔가?"

"교회에 같이 가려고 함께 왔습니다."

신기한 일은 내가 데리고 오는 사람들은 막지 않는 것이다. 그렇게 한 명, 두 명, 세 명 교회에 데리고 가게 되었고, 8개월이 지나서는 고참 세 명을 제외하고는 모두 함께 교회에 나가게 되었다.

군복무 기간 내내 나를 무척이나 괴롭히던 두 고참이 있었다.

"예수 믿는 사람은 하나님이 보호해 주시니까 총구 같은 데 맞아도 까딱없지?"

비아냥거리면서 총으로 머리 툭툭 내리치기도 하고, 인격적으로 모독하면서 괴롭히기도 했다.

하루는 비가 장대같이 쏟아지는 험한 날씨에 공수 교육을 받으러 나갔다. 그런데 하필이면 그 고참과 단 둘이서 A형 텐트 안에서 그 비를 맞으면서 잠을 자게 된 것이다. 혹시 옷 버릴까 걱정이 되어서 옷은 전부 다 벗어서 군장 안에 넣어두고 둘 다 팬티 하나만 입고 누워서 잠을 자고 있는데 고참이 나를 툭툭 친다.

또 무슨 일인가 걱정부터 앞선다.

'이렇게 비가 많이 오는데 혹시 또 나보고 밖에 나가서 뭐라도 하라고 하면 어떻게 하지?'

"야! 야!"

"왜 그러십니까?"

"이번 훈련 마치고 난 다음에 나도 너 따라서 교회 가도 되겠냐?"

얼마나 놀랐는지 모른다.

"아니, 허 병장님. 왜 그러십니까?"

"나도 사실은 중고등학교 다닐 때 교회에 다녔어. 성가대도 섰는데 군에 와서는 논산 훈련소 말고는 한 번도 교회를 가지 못했어. 그런데 네가 와서 교회를 다니니까 정말 밉더라. 그래서 더 괴롭힌 거야."

"좋지요."

무섭게 쏟아지는 빗소리를 들으며 텐트 안에서 기도했다.

그리고 복귀한 후 나를 괴롭히던 그 고참과 함께 교회를 갔다.

마지막 남은 내무반장이 이렇게 말한다.

"손현보, 나도 사실은 세례 받았어. 나도 오늘부터 교회에 가겠어."

드디어 전 소대원이 100% 교회를 나가게 된 것이다. 그렇게 우리 소대는 주일 오전예배는 물론이고 저녁예배까지 빠지지 않고 드렸다.

한번은 한 고참이 이렇게 말한다.

"낮에 교회 갔다 왔으니, 저녁에는 좀 안 가면 안 되나?"

최고 내무반장이 이렇게 말한다.

"무슨 말을 하냐? 하나님을 믿으려면 확실하게 믿어야지."

나중에 알고 보니까 최고 내무반장이 그렇게 내무반원들을 모두 교회로 보낸 이유가 따로 있었다. 취침점호 때 남들이 못하는 신나는 일을 경험하려고 내무반원들을 모두 교회로 내보낸 것이다. 부대에서는 사병들이 다른 곳에 신경 쓰지 못하도록 별 문제가 없어도 때로는 청소 상태 같은 것을 꼬투리 삼아 점호시간에 얼차려를 준다. 옆 내무반은 겨울에 반팔 입고 나가서 기합도 받고 참 요란하다. 그런데 우리 내무반은 일요일이면 늘 자기 혼자밖에 없다. 다른 내무반은 하나부터 시작해서 15까지 번호를 부르는데 자기는 '하나!' 하면 끝이다. 그것이 너무 재미있더란다. 그러니까 때로는 내무반원들이 교회에 가고 싶지 않다고 해도 최고참이 앞장 서서 억지로 교회에 가라고 한다.

드디어 우리 소대에 기독교 소대라는 별명이 붙여졌고, 100% 하나님께 돌아오는 역사가 일어나게 되었다.

입술이 반 날아가서 꿰매기도 하고, 때로는 총구에 턱을 맞아 아직도 흉터가 남아있지만, 그리스도 예수를 위해서, 복음을 위해서, 힘써 나아갈 때 하나님께서는 내가 생각할 수 없을 만큼 위대하고 크고 놀라운 위로를 주셨다.

고추밭을 뽑힌
권사님

 권사 임직을 마친 다음 임직자들을 불러 모아 놓고 이야기했다.

"권사의 직분은 너무나도 중요한 사명입니다. 세상에서 대통령이 되는 것보다 하나님께서 주신 이 직분이 더 중요합니다. 그러니까 새벽예배에 나오셔서 저와 교회를 위해서 기도해주십시오. 또 새신자들을 심방하고 위로해 주시기를 바랍니다."

그런데 한 권사님이 새벽기도에 반은 나오고 반은 나오지 않는다. 사실 우리교회가 할머니가 새벽예배를 드리러 나오시기에는 위치적으로 참 힘들다. 부산 끄트머리 마지막 마을인데다 김해와 진해의 경계선에 교회가 있었다. 게다가 그린벨트 지역이라 근방에는 집을 지을 수가 없어 새벽예배를 드리러 오기에는 여러 모로 불편하고 힘든 여건이었다.

게다가 교통편도 여의치 않았다. 진해 쪽에서 오는 버스도 교회 근처까지만 와서는 돌아가고, 부산에서 오는 차도 교회 근처까지만 왔다. 두세 번 갈아타도 교회까지 오는 대중교통이 없어 한참을 걸어야 하니 교회 차량이 아니면 교회에 오는 것이 쉬운 일은 결코 아니었다. 젊은 사람도 힘든데 연로하신 권사님들이, 그것도 새벽예배에 나온다는 것이 쉬운 일은 아니었다.

하지만 권사라는 직분이 얼마나 중요한가? 그래서 어떤 이유가 있더라도 반드시 교회를 위해서 기도해야 한다고 했다.

아무리 권면하지만 여전히 반만 참석한다.

안되겠다고 여겨져서 다시 한 번 더 말씀드려보았다.

"권사님이란 직분이 얼마나 중요한지 아십니까? 만왕의 왕이신 하나님이 주신 직분입니다. 그러니 권사님이 교회를 위해서, 이 젊은 목사를 위해서, 교인들을 위해서 기도해줘야 하는 것 아닙니까? 권사님이 기도하지 않으면 되겠습니까?"

"목사님 바빠서요…."

"뭐가 그렇게 바쁘십니까?"

"아들이 부산 법원 앞에서 주차장을 하는데 제가 그 일을 좀 도와줘야 합니다."

"그 일은 아들이 알아서 하도록 놔두시고 권사님은 교회에 와서 기도하십시오."

"그래도 너무 일이 많아서…."

"권사님이 도와주지 않으면 그 사업을 할 수 없답니까? 하나님께서 얼마나 귀한 직분을 권사님에게 주셨는데 이렇게 신앙생활을 하십니까? 권사님도 아시지 않습니까? 세월이 얼마나 금방 갑니까? 제발 전도도 하고 제대로 신앙생활을 하십시오."

"알겠습니다."

대답하고서도 또 똑같다.

하도 바쁘다니 도대체 뭐가 그렇게 바쁜지, 정말 날마다 주차장에 가시는지 가깝게 지내시는 성도님들에게 물어봤다. 그랬더니 주변 사람들의 말은 달랐다.

"목사님, 사실은 그게 아닙니다. 가보시면 알겠지만 권사님이 고추 농사를 지으십니다. 얼마나 지극 정성으로 고추농사를 지으시는지 아마 이 근방에서 제일일 겁니다. 아침에 일어나면 주차장 가기 전에 고추밭에 가서 벌레 잡아주시고, 약도 쳐주고, 주차장 다녀온 후 4시 경에는 또 고추밭에 가서 물도 주고 벌레도 잡아줍니다."

다시 권사님을 불러 물었다.

"권사님! 권사의 직분은 제대로 하지도 못하면서 고추밭은 날마다 가신다면서요? 고추농사 때문에 그렇게 바쁘신 것이라면서요? 고추가 뭐라고 그렇게 중요하게 생각하십니까? 아들이 권사님한테 농사지으라고 합니까?"

"아이고, 목사님! 아이들은 농사짓지 말라고 합니다. 하지만 제가 아이들을 위해서 할 수 있는 것이 뭐 있습니까? 아들네나 딸네가 오면 고추도 주고 고춧가루도 만들어주고 하는 것이 제 큰 낙입니다.

"하나님의 일에는 관심이 없고 자녀들에게만 관심이 있습니까? 권사님, 복음 전해서 영혼을 구하는 것이 낙이지, 어떻게 그런 것들이 낙이 됩니까? 젊은 자녀들은 권사님이 고추를 주지 않아도 알아서 다 좋은 것 사먹습니다. 권사님이 농사지어봐야 소용없습니다. 자녀들도 하지 말라고 하는데 뭣 하려고 하십니까?"

아무리 설득하지만 권사님 마음이 바뀌지 않았다.

날마다 그 권사님을 위해서 기도했다.

9월 중순 어느 토요일, 하루는 새벽에 기도하는 가운데 이런 생각을 주셨다.

'네가 진짜 하나님의 종이라면 그 권사를 그대로 두면 안 된다. 고추밭을 다 뽑아 버려라.'

하도 권사님의 고추밭에 신경을 쓰니까 그런 마음이 드는 것 같아서 처음에는 마음을 접었다. 다시 기도하는데 기도하면 기도할수록 자꾸만 그 마음을 주신다. 심지어 설교 준비를 할 때에도 고추밭 생각이 떠나지를 않았다.

'고추밭을 왜 그냥 두느냐. 그 고추밭을 뽑으라.'

하나님이 주시는 음성 같았다.

'어떻게 하지?'

고민이 된다.

9월 중순, 참으로 더운 늦여름에 사람들에게 권사님의 고추밭이 어딘지 물어서 찾아가 봤다. 정말 소문대로 고추농사가 참 잘 되었다. 옆에 고추밭이 몇 개 더 있었는데 눈으로 봐도 최고로 잘 되었다.

고추가 하나 둘 발갛게 익어간다.
'이 고추밭을 없애야 하겠구나.'
농사짓는 장로님에게 전화를 걸었다.
"집에 혹시 농약 파라치온 있습니까?"
"목사님이 어디 쓰시려고 그걸 찾으십니까?"
"쓸 데가 있습니다."
"파라치온은 있는데 분무기가 없어서 쓸 수 없습니다."
뭔가 낌새가 이상했는지 장로님이 돌려 거절하신다.
"그럼 벌초할 때 쓰는 제초기 있습니까?"
"목사님, 그건 또 도대체 어디에 쓰시려고 그러십니까?"
"쓸 데가 있습니다."
원체 일을 잘 저지르니까 장로님이 걱정이 되셨는가 보다.
"목사님, 그건 날이 부러져서 쓸 수 없습니다."
하는 수 없이 근방에 사는 집사님 집에 가서 낫을 하나 빌렸다. 그 낫으로 고추들을 모조리 베어버릴 작정이었다. 한두 개 해보는데 고추마다 고춧대를 얼마나 단단하게 세우고 줄로 묶어놓았는지 뜻대로 되지 않았다. 여간 힘이 든 것이 아니다.

얼마나 더운지 웃통을 벗고 손으로 뽑기 시작했다. 밭이 단단해서 뽑는 것도 쉽지 않다. 있는 힘을 다해서 뽑아서는 저 멀리 던져 놓고, 또 뽑아서 던져 놓았다.

두세 시간 쯤 했을까? 손에 물집도 잡히고, 무엇보다 땀이 비 오듯 하는데 더워서 더 이상은 못하겠다. 힘도 없고, 손도 아프고…

중간 3분의 1 정도 남겨두고 집으로 돌아갔다.

   집으로 돌아가는 길에 그 권사님 딸에게 전화를 걸었다.

   "집사님, 오늘 제가 어머니 고추밭에 가서 고추를 다 뽑았습니다. 어머니가 보시고 누가 뽑았느냐고 물으면 제가 했다고 말씀드리십시오."

   토요일이라 여느 때보다 주차장에서 빨리 온 권사님은 서둘러 옷을 갈아입고 고추밭으로 갔다. 가서 보니 고추가 다 뽑혀 있다. 얼마나 놀랄 일인가? 아무리 생각해도 권사님은 고추를 뽑은 적이 없으니까 당신 고추밭이 아닌 줄 알고 다시 집으로 돌아갔다.

   집에 와서 곰곰이 생각해봐도 참 이상하다.

   다시 고추밭으로 갔다. 가서 보니 자기 고추밭이 맞다.

   "나하고 원수진 사람이 아니라면 누가 이런 일을 했겠는가? 누가 다 지어놓은 농사를 이렇게 만들었는가?"

   다리가 후들거려 서 있을 수조차 없다.

   겨우 기운을 차리고 다니면서 동네 사람들에게 묻는다.

   "누가 우리 고추밭 뽑는 거 봤나?"

   아는 사람이 없다.

   답답한 마음에 딸에게 전화를 걸었다.

   "오늘 누가 우리 고추밭에서 고추를 다 뽑아놨는데 니는 누가 그랬는지 아나?"

   어머니 목소리를 들으니 얼마나 흥분했는지 말까지 더듬는다. 딸도 겁이 나서 엉겁결에 모른다고 했단다. 권사님은 오후 내내 밥도 먹지 않고 앉았다 일어섰다, 또 앉았다 일어섰다만 한다.

그 사이 딸이 집사님들 몇 분에게 부탁을 해서 밭에 가서 빨간 고추를 땄다.

엄마를 진정시킨다.

"엄마, 진정하세요."

"진정하게 됐나? 생각해봐라. 내가 평생을 살아오면서 다 지은 농사를 이렇게 당한 적은 한 번도 없다. 아니 이런 일이 있다는 것을 본 적도 없고 들은 적도 없다. 그런데 우리 집에 어떻게 이런 일이 있을 수 있냐? 누가 나하고 무슨 원수가 졌다고 이렇게 했단 말이냐? 어떤 죽일 놈이 이렇게 했는지, 왜 뽑았는지 도대체 모르겠다."

권사님 정신이 멍하다. 딸도 차마 목사님이 그렇게 했다고는 말하지 못하고 그저 어머니 마음만 가라앉히느라 급급했다. 그러다가 도저히 안 되겠는지 밤 9시쯤 되어서 사택으로 전화를 했다.

"목사님, 저는 목사님이 뽑았다고는 말 못하겠어요. 제가 보니까 어머니가 정신이 없는 사람 같은데 아무래도 오늘 밤에 큰 일이 날 것 같습니다. 목사님께서 우리 어머니에게 가셔서 무슨 조치든지 취해주십시오."

승합차를 타고 권사님 집으로 갔다. 가보니까 한쪽 방에는 빨간 고추랑 파란 고추가 따이고, 그 중간 벽에 권사님이 기대 앉아 있다. 가만히 보니 마치 실성한 사람 같이 눈동자가 움직이지도 않는다.

목사가 들어갔는데 아는 척도 하지 않는다.

"권사님."

"예."

"왜 그렇게 정신이 없습니까?"

떨리는 목소리로 더듬거리며 말한다.

"목사님, 제가 평생을 살면서 원수 맺은 사람도 없고 지금까지 살아오면서 이런 일은 없었는데 어떤 죽일 놈이 우리 고추밭을 다 뽑아놓았습니다. 누가 그랬는지 왜 그랬는지 도무지 이해가 되지 않습니다. 어떻게 이런 일이 있을 수 있습니까? 그 놈이 누군지 알기만 해도 이렇게 떨리지는 않을 겁니다. 혹시 누가 압니까? 그 놈이 나중에 우리 집에 불이라도 지르면 어떻게 합니까?"

"권사님, 사실은 제가 오늘 오후에 권사님 밭에 가서 고추를 뽑았습니다."

"목사님, 그런 말씀 하지 마십시오. 목사님이 왜 우리 고추밭에 손을 댑니까?"

손사래를 쳤다.

"권사님! 정신 차리고 잘 보십시오. 권사님이 하도 고추밭에만 매어 있으시기에 제가 오늘 오후에 가서 뽑았습니다. 죄다 뽑으려다가 너무 덥고 손도 아프고 피곤해서 조금 남겨놓고 집에 왔습니다. 제 손 좀 보십시오. 껍질이 다 벗겨지지 않았습니까?"

권사님이 내 손을 한참을 뚫어져라 보더니 갑자기 정색을 하면서 묻는다.

"목사님이 왜 우리 고추밭을 뽑습니까?"

그렇게 묻는데 할 말이 없다.

잠시 생각한 후 권사님에게 다시 물었다.

"제가 하나만 물어볼 터이니 대답해 보십시오."

"해보이소!"

"권사님은 지금까지 수십 년 예수님을 믿고 권사님까지 되셨는데, 예수님이 우리를 위해서 내 죄를 위해서 십자가에서 죽으신 것이 너무나도 감사해서 감격한 적이 있습니까? 주님은 마지막까지 증인이 되라고 하셨습니다. 모든 족속으로 제자를 삼으라고 하셨습니다. 온 천하에 다니며 복음을 전하라고 하셨습니다. 그런데 그 말씀을 생각하고 지킨 적이 있습니까? 권사님은 지금 고추밭 때문에 심장이 떨리고 치가 떨려서 말을 못한다고 하시는데, 예수 믿고 너무나도 좋아서 오늘처럼 심장이 떨린 적이 있습니까? 아니면 예수님께서 전해주신 복음을 전하다 죽을 영혼이 복음을 받아들여서 너무나도 좋아서 심장이 떨린 적이 단 한 번이라도 있습니까? 수십 년 예수님을 믿으면서 한 번이라도 그런 경험을 하셨습니까? 옆 사람이 지옥에 가는 것이 너무나도 안타까워서 오늘처럼 떨린 적이 있습니까?"

권사님이 가만히 눈을 감는다.

나도 권사님 옆에 앉았다.

7분 정도 시간이 흘렀다.

권사님이 내 앞에 무릎을 꿇는다.

"목사님, 제가 너무 잘못했습니다. 이 고추가 뭐라고, 이 고추가 뭐라고, 지금까지 여기에 이렇게 온갖 정성을 쏟았는지 모르겠습니다."

그 시간 하나님께서 권사님의 마음을 만지셔서 비로소 뭐가 중요한지 깨닫게 하신 것이다.

"고추를 백 근 농사지으면 뭣 합니까? 천 근 하면 뭣 합니까? 만 근 하면 뭣 합니까?"

진심으로 권사님을 위로해드린 후 집으로 돌아왔다.

다음 날 주일 새벽, 권사님이 새벽기도를 오셨다.

그런데 교회 나온 지 3개월밖에 되지 않은 성도가 권사님과 함께 새벽기도를 나온 것이다. 원래 새벽기도는 오지 않던 사람들이 오면 이상하고, 오던 사람이 오지 않아도 이상한 법이다. 그래서 물어봤다.

"어떻게 새벽기도를 다 나오셨습니까?"

"목사님, 저도 권사님 밭 옆에 고추를 심어놓았습니다."

권사님 댁 고추밭이 모조리 뽑혔다는 소식을 듣고 궁금해서 알아보니, 목사님이 새벽기도 나오지 않아서 뽑았다고 했단다. 그 말을 듣고 그 분도 새벽기도를 나오기 시작한 것이다. 그렇게 시작된 새벽기도를 지금까지 잘 나온다.

그 날 이후 권사님이 변하셨다. 권사님은 몸이 불편하셔서 자녀들이 사준 전동휠체어를 타고 다니셨는데, 이 권사님이 식혜를 만들어 1.5리터 페트병에다 담아 싣고 다니면서 아는 사람들에게 하나씩 주며 전도를 하는 것이다.

사람들이 묻는다.

"왜 이걸 주는데?"

"나 따라서 교회 한 번 가자."

자기는 전도에는 은사가 없다고 하던 권사님이다. 전도는 젊은 사람이나, 사업하는 사람들이나 하는 일이라고 했다. 하지만 그토록 정성들인 고추밭이 뽑힌 그 날 밤 권사님은 회개했다.

비록 고추는 못쓰게 되었고, 고추밭은 다 뽑혔지만, 그때부터 복음을 전하기 시작했다. 그리고 그 해 12월, 이 권사님이 전도해서 세례 받는 영혼이 11명이나 되었다.

하나님 아버지의 소원

 예수님께서 33년간의 공생애를 마치시고 십자가에서 죽으신 후 3일 만에 부활하셨다. 부활하신 예수님께서는 40일 동안 11번 나타나셔서 제자들과 함께 교제를 나누셨다.

감람산에서 승천을 앞둔 예수님께 제자들이 묻는다.

"예수님은 승천하셔서 하나님의 나라로 올라가시지만, 이 땅에 남은 우리들을 생각해 보십시오. 로마의 식민지 아래 있는 우리나라는 어떻게 되겠습니까? 우리나라는 과연 언제 독립이 되겠습니까? 언제 회복이 되겠습니까? 무엇보다 언제 로마에서 해방되겠습니까?"

그들은 회복에 대하여 관심을 갖고 물었다. 제자들이 그렇게 물었던 데에는 다 이유가 있다. 예수님의 제자들 가운데에는 열심당원이라 불리는 독립투사들도 있었기 때문이다.

이 때 예수님께서 답하신다.

"그들이 모였을 때에 예수께 여쭈어 이르되 주께서 이스라엘 나라를 회복하심이 이때니이까 하니 이르시되 때와 시기는 아버지께서 자기의 권한에 두셨으니 너희가 알 바 아니요 오직 성령이 너희에게 임하시면 너희가 권능을 받고 예루살렘과 온 유대와 사마리아와 땅 끝까지 이르러 내 증인이 되리라 하시니라 이 말씀을 마치시고 그들이 보는데 올려져 가시니 구름이 그를 가리어 보이지 않게 하더라" (행 1:6-9)

'증인'이 무엇인가? 복음을 위하여 피 흘려서 죽는 자, 복음을 위하여 피를 흘리는 자, 복음을 위하여 순교하기를 각오하는 자가 증인 아닌가?

예수님과 제자들의 대화를 통하여 예수님께서 가지고 계신 관심사와 제자들이 가지고 있던 관심사가 달랐음을 알 수 있다.

제자들이 누구인가?

3년 동안 예수님과 함께 동고동락을 했던 자들이다.

예수님이 죽으시고, 부활하신 것을 모두 목격한 자들이다.

그러나 그들의 관심은 여전히 정치적으로나 경제적으로 이 나라가 언제 회복이 될 것인가에만 머물러 있었다. '주식은 언제 오를까?' '환율은 언제 내릴까?'에만 관심을 갖는 우리와 같지 않은가?

그러나 주님의 관심은 어제나 오늘이나 언제나 변함없이 오직 하나이다.

'한 영혼이 구원받는 것.'

왜 예수님께서 하늘 보좌의 영광을 버리시고 이 땅에 오셨는가? 다른 일을 하기 위해서가 아니다. 오직 하나, 주님은 오로지 우리를 구원하려는 한 가지 목적을 위해 이 땅에 오셨다. 그리고 이것은 예수님을 이 땅에 내어주신 아버지 하나님의 유일한 목적이요, 유일한 소원이다. 여기에 주목하자.

"하나님은 모든 사람이 구원을 받으며 진리를 아는 데에 이르기를 원하시느니라"(딤전 2:4)

그렇다면 하나님께서 이 땅에 교회를 세우신 목적은 무엇인가? 여러 가지를 말할 수 있겠지만 가장 주요하고 핵심이 되는 목적은 복음 전파이다. 때문에 교회 안의 모든 기관들도 복음 전파를 위하여 세워져야 한다.

많은 교회들이 성경공부, 찬양모임, 봉사활동 등 여러 가지 사역을 하느라 분주하다. 하지만 이 모든 일들이 궁극적으로 하나님의 뜻 가운데 이루어지려면 기본적으로 복음전파가 되어야 한다.

믿지 않는 영혼들에게 복음을 전하는 일, 죽어서 지옥 가는 영혼들에게 영원히 사는 길이 있음을 알려주는 일, 내 죄를 위해서 십자가를 지신 예수님을 증거하는 일은 이 땅의 교회를 향하신 하나님의 간절한 임무이다.

그리스도인들이 입버릇처럼 마치 주문을 외듯 날마다 드리는 기도가 있다. 주님의 기도이다.

'하나님의 뜻이 하늘에서 이루어진 것처럼 이 땅에서도 이루어지게 해주십시오.'

이 기도가 이루어지려면 무엇보다 먼저 마귀를 섬기던 불신 영혼이 복음을 통하여 '주님은 나의 왕이십니다'라고 고백할 수 있는 믿음의 자녀가 되어야 한다. 그럴 때 하나님의 나라가 이루어지고, 하나님께서도 영광 받으시기 때문이다. 그것이 하나님의 뜻이 하늘에서 이루어진 것처럼 이 땅에서도 이루어지는 것이다.

어떻게 우리들이 구원받은 자가 될 수 있었는가? 우리들 역시 누군가로부터 전해진 복음을 듣고 예수님을 믿게 되고, 구원 받은 자가 된 것 아닌가? 모태신앙이라 전도를 받지 않은 자라 할지라도 한두 세대만 거슬러 올라가 보면 그 사람의 부모님이 누군가로부터 복음을 전해 들었기 때문에 믿음의 가정에서 태어날 수 있었던 것이다.

예수님께서 이 땅에 사시는 공생애 기간 동안 가장 많이 강조한 것이 무엇인가? 신약성경을 꼼꼼히 읽어보면 의외로 예수님께서는 십계명을 많이 말씀하시지 않았다. 대신 성경 곳곳에서 이웃을 사랑하라고 강조하셨음을 알 수 있다. 그렇다면 어떻게 해야 가장 근원적으로 이웃을 사랑하는 것인가? 영원히 죽어가는 저들에게 복음을 전파하는 일이다.

"또 이르시되 너희는 온 천하에 다니며 만민에게 복음을 전파하라"(막 16:15)
"그러므로 너희는 가서 모든 민족을 제자로 삼아 아버지와 아들과 성령의 이름으로 세례를 베풀고"(마 28:19)
"오직 성령이 너희에게 임하시면 너희가 권능을 받고 예루살렘과 온 유대와 사마리아와 땅 끝까지 이르러 내 증인이 되리라 하시니라"(행 1:8)
"내 어린 양을 먹이라…내 양을 치라…내 양을 먹이라"(요 21:15-17)

복음서 기자들은 마지막 부분에 단 한 사람도 예외 없이 '복음전파'로 결론을 내린다. 왜 그렇게 했겠는가? 부활하신 예수님께서 이 땅에서 지내신 40일 동안 사람들을 만날 때마다, 설교할 때마다 복음을 전파하라고 명령하셨기 때문이다. 예수님께서 반복하며 말씀하셨기 때문에 성령의 감동으로 말씀을 기록한 제자들 역시 복음전파로 결론을 맺은 것이다.

"하나님은 모든 사람이 구원을 받으며 진리를 아는 데에 이르기를 원하시느니라"(딤전 2:4)

모든 사람이 구원받는 것, 그것은 하나님의 간절한 소원이다.
모든 사람이 진리를 바로 아는 것, 그것이 하나님의 불타는 소원이다.
하나님의 사람, 하나님의 교회라면 반드시 하나님의 시선에 관심을 기울여야 한다. 교회든, 기관이든, 성도든, 복음을 전하지 않는다면 명백히 하나님의 소원을 저버린 것이다. 만일 그렇다면 더 이상 하나님의 사람도, 하나님의 교회도 아니다.

왜 성도들에게 직분을 주는가? 목사와 장로, 권사와 집사 등 하나님께서 직분을 주신 최종적인 목표가 무엇인가? 그 또한 영혼 구원이다. 직분을 주신 최고 목표는 하나님의 소원인 영혼구원이다.

그런데 성도들이 이러한 하나님의 소원에 도무지 관심이 없다면 우리를 위해서 십자가를 지기까지 사랑하신 예수님께서 얼마나 섭섭하시겠는가?

지금까지 예수님의 소원에 관심을 가지고 살아왔는가?

하나님의 교회가 하나님의 말씀대로, 하나님의 명령대로 움직이고 있는가?

하나님의 교회가 원래의 목적대로 복음 전파를 위하여 사명을 다하고 있는가?

복된 인생이 되기를 원한다면 개인이든, 교회든, 가정이든, 기업이든, 민족이든, 하나님의 소원에 관심을 두어야 한다. 그러면 하나님께서 부어주시는 복은 저절로 임한다. 그런 교회에 하나님의 능력이 임하게 되고, 그런 교회에 복음의 씨앗이 떨어지면 환경적인 상황이나 위치에 상관없이 지금도 계속 하나님의 역사는 일어날 것이다.

반면 하나님의 사명을 다하지 않는 교회는 그 어떤 방법을 시도하더라도 새롭게 될 수 없다. 원래의 목적을 잃은 교회는 이미 죽은 상태와 같기 때문이다. 하나님의 이름은 가졌지만 하나님의 능력을 행하지 못한다면 더 이상 교회가 아니다.

예수님의 제자들도 처음에는 세상 것들에만 관심을 두고 살았다. 하지만 예수님의 말씀을 듣고 열심히 기도하여 성령을 받자 예수님의 말씀에 순종했다. 그리고 적대적인 사람들로 꽉 차있는 예루살렘으로 나가서 복음을 전했다.

40-50일 전에 예수님을 못 박아 죽였던 곳에 제자들이 가서 복음을 전할 때 어떤 일이 일어났는가? 그 곳에 하나님의 능력이 임하게 되고, 하루에 3000명, 5000명이 구원을 받았으며, 이 세상에 편만하게 하나님의 복음이 증거되었다. 사람의 생각으로는 도저히 이해할 수 없는 기적이 일어난 것이다.

하나님 앞에서 나의 관심은 무엇인가?

직분자들은 어디에 관심을 가지고 살고 있는가?

이것은 실로 중요하다. 내가 하나님의 복음에 관심을 두고, 하나님의 말씀에 관심을 두고, 하나님의 명령에 관심을 두고 살아갈 때 오늘, 지금, 이곳에 반드시 하나님의 역사가 일어날 것이다.

"오직 성령이 너희에게 임하시면 너희가 권능을 받고 예루살렘과 온 유대와 사마리아와 땅 끝까지 이르러 내 증인이 되리라 하시니라" (행 1:8)

시간이 나면 지키라는 하나님의 제안이 아니다. 사업에서 성공한 다음에 돈이 생기면 해보라는 제안은 더더군다나 아니다. 이것은 만물의 주인이고, 우주의 왕이신 하나님의 엄중한 명령이다. 십자가에서 죽으시고, 우리에게 복음을 주시고, 공짜로 구원을 주신 예수님의 엄중한 명령이기 때문에 우리는 때를 얻든지, 얻지 못하든지, 상관없이 반드시 이 말씀을 지켜 행해야 한다.

우리가 지켜야 할 계명들이 많이 있다. 십계명을 중심으로 성경에서 명령하신 613가지의 계명을 모두 지켜야 한다. 하지만 예수님께서 다른 어떤 계명보다 더 중요하게 강조하고, 강조하고, 또 강조하신 계명은 바로 '복음전파'이다. 이것보다 중요한 하나님의 명령은 없다.

하나님의 엄중한 명령을 저버리고, 하나님의 명령을 지키지 않고서 하나님 아버지 앞에 나와서 기도하고, 하나님 아버지 앞에 나와서 설교하고, 교회의 기관을 맡아서 어떠한 수고를 할지라도 하나님 아버지는 그 어떤 수고도 인정하지 않으신다.

왜 성경을 공부하는가?

왜 훈련을 받는가?

그 안에 복음전파가 없다면 무익하다.

성경공부 역시 전도를 위한 도구가 되어야 한다. 우리교회는 담임목사가 인도하는 1년 6개월 과정의 제자반이 있는데, 이 과정을 공부하는 사람들은 반드시 한 주에 한 명씩 새신자를 데리고 와야 한다. 같은 사람을 12번 데리고 와도 괜찮고, 매주 다르게 열두 사람을 데리고 와도 상관없다. 중요한 점은 성경공부를 할 때 누군가를 데리고 와야 한다는 것이다. 그렇게 하지 못하면 벌금을 받는다. 물론 돈을 걷는 것이 목적은 아니다. 하지만 성경공부에는 마땅히 복음전파의 실습이 있어야 하겠기에 그것을 가르치기 위해서 그렇게 규정을 정했다. 복음전파를 가르치지 않는 성경공부, 복음전파를 배우지 않는 성경공부는 본질을 잃은 헛된 화려한 지식에 불과하다.

"그러므로 믿음은 들음에서 나며 들음은 그리스도의 말씀으로 말미암았느니라" (롬 10:17)

누구든지 하나님의 말씀이 선포되는 자리라면 데리고 와 앉혀 듣게 하라. 하나님의 말씀을 들을 때 믿음이 생긴다. 하나님의 말씀을 들을 때 구원을 받는다. 말씀으로 훈련받기 원한다면 돈을 주고 사서라도 데리고 와서 앉혀 듣게 하라.

예수님께서 부탁하고, 부탁하신 명령은 저버리고서 아무 것도 아닌 것, 주보에 오타 하나 생긴 것, 이름 하나 바뀐 것 가지고 이러쿵저러쿵 말거리를 삼지는 않는가? 하나님의 복음이 무엇인지, 왜 직분을 주셨는지, 교회의 본질적인 사명이 무엇인지를 모르기 때문이다. 복음에 헌신되지 못했기 때문에 주보 글자 틀린 것과 같은 사소한 것에 쓸데없이 에너지를 집중하고 관심을 쏟는 것이다.

하나님께서 명백하게 우리에게 주신 명령, 복음을 전파하고 증인이 되라고 하신 명령, 복음을 위해서 목숨을 바치고 피를 흘리라는 최고 명령은 지키지 않으면서 그에 비해서는 억만 분의 일도 되지 않는 아무 것도 아닌 것에 관심을 가지고 말거리를 삼는 자를 어찌 제자라 할 수 있겠는가?

교회가 복음이 아닌 엉뚱한 곳에 집중하기 때문에 하나님의 능력을 행하지 못하고 맡겨진 사명을 감당하지 못하는 것이다.

성도라면 마땅히 복음에만 집중하여 헌신해야 하는 것 아닌가?

당신의 관심은 무엇인가?

우리의 관심은 무엇인가?

한번은 새신자 가정에서 구역모임을 갖는다고 해서 예배를 인도하러 갔던 적이 있다.

방문에서 강아지가 깽깽거리는 소리가 들린다.

"이게 무슨 소리입니까?"

"목사님께서 개를 싫어하시는 것 같아서 방에 가두어 두었더니 이렇게 난리를 치네요."

개인적으로 개를 싫어하거나 미워하지는 않는다. 하지만 애완견을 기르는 집은 심방을 가지 않는다.

새신자에게 물었다.

"황 선생님, 혹시 1박 2일 어디 가려고 하시면 제일 먼저 뭐가 생각이 납니까?"

"그야 물론 개밥이지요."

"어디 갔다가 늦게 들어오면 제일 먼저 뭐가 생각납니까?"

"개가 생각납니다."

"그렇다면 황 선생님의 인생은 개판 아닙니까? 하나님을 믿고 세례를 받았으면, 하나님 중심으로 살아야 하는데 황 선생님이 하나님을 개만큼이라도 취급했습니까? 개에게 관심을 가진 것처럼, 하나님에게 관심을 가져본 적이 있습니까?"

"그렇지 못했습니다."

"예수님께서 황 선생님을 위해서 십자가에서 돌아가셨다는 사실을 믿으면서, 어떻게 어디를 가든지 개밥만 생각하며 살 수 있습니까? 과연 황 선생님 마음에 하나님이 있습니까? 예수님이 있습니까?"

개를 위해서라면 목욕도 시켜주고, 옷도 사주고, 발톱도 깎아주는 사람들이 어떻게 예수님께서 부탁하고 또 부탁하신 그 명령, 복음 전파하고 증인이 되라고 하신 말씀을 지키지 않을 수 있는지 도무지 이해가 되지 않는다.

"하나님인 내가 친히 너를 위해서 대신 죽어주지 않았느냐? 그러니 너는 이 복음을 전파하라!"

이와 같은 주님의 명령에는 관심을 갖지 않으면서 개는 예뻐서 어쩔 줄 모르는 자들에게 성도라는 이름이 과연 걸맞는가?

교회를 통하여 하나님의 거룩함과 하나님의 나라의 일들이 이루어져야 한다.

교회의 각 기관들을 통하여 하나님의 뜻이 이루어져야 한다.

그렇다면 과연 우리교회는 어떤 모습인가? 하나님의 명령은 쉬지 않고 내려오는데 거기에는 도무지 관심 없이 여전히 우리들의 손에 쥐고 있는 것에만 관심을 쏟고 있지는 않는가?

"농촌은 원래 복음 전파가 힘듭니다."

"도시 사람들은 강퍅해서 복음 전도가 되지 않습니다."

이런 말들에 속지 말라. 모두 사단이 하는 말이다.

예수님을 십자가에 못 박아 죽였던 예루살렘에서도 기적과 이적이 나타났는데 왜 안 된다고 하는가?

오늘도 하나님의 복음의 능력이 임하면 영혼은 변화되고, 새로운 피조물로서 거듭나게 될 것을 확신한다. 온 성도들이 목사님을 중심으로 피 묻은 복음에 대한 헌신이 있을 때 교회는 반드시 부흥하고 성장한다. 하나님께서는 하나님의 관심에 삶의 중심을 둔 자로 하여금 그 일을 이루게끔 행하신다. 그가 아무리 약하고 연약할지라도 하나님께서 친히 능력을 채우셔서 그 사역을 감당케 하신다. 우리 아버지 하나님은 바로 그런 분이시다.

'어떻게 해야 복음을 전할 수 있을까?'

여기에 관심을 기울이는 자에게 하나님께서 함께 하심을 나타내 보여주신다.

우리는 예수님의 제자이다.

제자가 무엇인가?

스승의 발자취를 따라 가는 자들이다. 예수님께서 무엇을 하셨는가, 예수님께서 어떻게 하셨는가, 주님의 발자취를 따라가는 제자가 되어야 한다. 어릴 때 어떻게 글자를 배웠는가? 공책에 흐린 점선으로 기역과 니은이 인쇄되어 있다. 그럼 아이들은 그 위에 습자지를 대고 그대로 따라 그리면서 글자를 익혔다. 그처럼 예수님께서 행하시고 살아오신 삶을 그대로 따라가는 것이 제자의 마땅한 삶인 것이다.

예수님께서 마지막까지 부탁하고 당부하신 말씀을 기억하라.

"너희는 온 천하에 다니며 만민에게 복음을 전하라."

"모든 족속으로 제자를 삼아서 아버지와 아들과 성령의 이름으로 세례를 주라."

"너희가 성령의 권능을 힘입어서 예루살렘과 온 유대와 사마리아와 땅 끝까지 이르러 증인이 되라."

목사든, 장로든, 권사든, 집사든, 성도든, 직분과 상관없이 예수 그리스도의 보혈로 구원받은 자라면 예수님께서 가신 길 그대로를 따라 복음전파에 관심을 가져야 마땅하다.

전도가 두려운가? 사도들을 기억하라. 그들은 예수님이 돌아가신 후 곧바로 예수님을 십자가에 못 박았던 적들이 우글우글하는 곳으로 가서 복음을 전했다. 인간적으로 생각할 때 갈릴리 촌놈인 제자들에게 만방에 다니며 복음을 전할 만한 능력이 있었겠는가? 없었다. 하지만 예수님의 말씀에 순종하고 행할 때 은혜와 기적이 일어났다.

믿고 결단하며 행하는 자에게 하나님은 오늘도 그 약속을 지키시고 기적을 베푸신다.

부흥 폭발하는
교회

도리어 하나님의 백성과 함께 고난 받기를
잠시 죄악의 낙을 누리는 것보다 더 좋아하고
(히브리서 11:25)

새신자를 배려한 예배, 결단으로 이끄는 예배

"어떻게 교회가 이렇게 급성장할 수 있었습니까?"

"어떻게 해야 온 성도가 전도에 집중하는 교회가 될 수 있습니까?"

사람들이 물어볼 때마다 뭐라고 대답해줘야 하나 곰곰이 생각해본다. 변화를 계획하고 의도적으로 시작한 일이 아니었기 때문에 처음에는 콕 집어서 딱히 뭐라 답해줄 말이 없었다. 곤란해서 얼버무리다가 사람들로부터 오해를 받기도 했다.

사람들이 물어볼 때 대답할 말을 찾으려고 지금까지 하나님이 이끄셨던 목회여정을 뒤돌아보았다. 그리고 우리교회가 세 가지 즉 예배, 직분자들, 구역을 바꾼 후 폭발적으로 성장했음을 깨닫게 되었다.

먼저 예배이다.

예배 안에는 찬양과 기도, 말씀이 모두 들어 있다.

예배 가운데 하나님의 능력과 기적이 임한다.

예배 가운데 예수님을 믿도록 결단하는 일, 구원 받는 역사가 일어난다.

집에서 자발적으로 성경책을 읽는 가운데 '구원 받아야지.' '예수를 믿어야지.' 결단하는 사람은 거의 없다. 예배를 드리지 않고 스스로 교회에 다니기로 작정하는 사람은 100명 가운데 한두 명 있을까, 말까 하는 정도다. 한 조사에 의하면 예배 가운데 구원 받는 경우가 85-95%가 된다고 한다. 때문에 예배는 무엇보다 중요하다.

오랫동안 신앙생활을 한 사람들에게 모든 예배순서는 마치 몸에 잘 맞는 옷처럼 편안하고 익숙하다. 하지만 불신자들의 시선으로 예배를 생각해 보라. 사실 처음 교회에 발을 들여놓으면 교회 안에서 일어나는 대부분의 일들이 불편하고 어색하다. 그 가운데에서 가장 불편한 것이 예배이다.

그래서 예배의 본질과 기본 형식은 벗어나지 않으면서 최대한 새신자들을 배려하여 예배를 드리기 위해 많이 연구하고 다양한 시도를 한 결과 우리교회는 지금의 예배 형식을 갖추게 되었다.

사실 우리나라 대부분의 교회들이 지금까지 획일적으로 같은 모습으로 드리고 있는 예배 형식은 기독교가 거의 100%까지 다다랐던 서구 교회에서 드려진 예배의 모형 그대로이다. 그리스도인들이 거의 100%였던 나라에서 드려졌던 예배 순서가 아직도 70-80% 불신자들인 우리나라에 고스란히 적용되고 있다. 때문에 어느 부분에서는 우리나라와 맞지 않는다고 생각한다.

그렇다면 우리나라에는 어떤 예배형식이 맞겠는가?

어떻게 해야 처음 교회에 나온 사람들일지라도 그들과 함께 하나님을 찬양하는 예배를 드릴 수 있을까?

예배를 드리는 가운데 새신자들이 하나님을 경험하고, 회심의 역사가 일어나며, 아버지 앞에 돌아올 수는 없을까?

우리교회는 하나님을 전혀 모르는 사람일지라도 함께 예배를 드리는 한 시간 동안 감동이 임하도록 예배를 준비한다.

'예수 믿는 것이 참 좋구나.'

'나도 그 예수 한번 믿어 볼까?'

예배 가운데 이러한 역사가 일어날 수 있도록 예배를 돕는 모든 사람들이 최선을 다하여 정성스럽게 예배를 준비한다.

"예수 믿으라고 하지 않을 테니까 한 번만 나를 따라서 교회에 가보자."

이렇게 전도를 받고 처음 교회에 와서 앉아있는 사람들은 예배 드리는 내내 머릿속이 복잡하다.

'나를 어찌하려고 교회에 데리고 왔지?'

'교회가 도대체 어떻게 생긴 곳이지?'

복잡한 마음으로 앉아서 어색하게 예배를 드린다. 하지만 그렇게 예배를 드리는 자일지라도 순서에 따라 예배를 드리는 가운데 자신도 모르게 '야, 하나님 믿고 살아야 하겠구나' 이런 생각이 스며들도록 예배를 준비한다. 이렇게 예배를 드리다 보니 우리교회는 처음 교회를 온 사람 3명 가운데 1명이 예배를 드린 후 마음이 변하여 세례까지 받는다.

처음 교회에 나오는 사람들 가운데 대부분은 예수님을 믿을 마음이 전혀 없다. 하지만 인간이라면 누구나 하나님의 영이 그 안에 있기 때문에 성령님이 그 영을 건드리기만 하면 달라진다. 교회에 들어올 때에는 전혀 예수님을 믿을 생각이 없었을지 몰라도 예배를 통해서 예수님을 믿게 된다.

많은 교회에서 드려지는 묵도-찬송-기도-찬송과 같은 예배순서는 자칫 회중들에게 지루한 느낌을 주기 쉽다고 판단했다. 예배 시간 내내 일어섰다-앉았다-찬송했다-기도했다-찬송했다-광고하는 것 역시 번거롭게 느껴질 수 있다고 여겨졌다. 그래서 주일 낮 예배시간에 앉았다 일어서는 순서를 없애고 예배를 드린다.

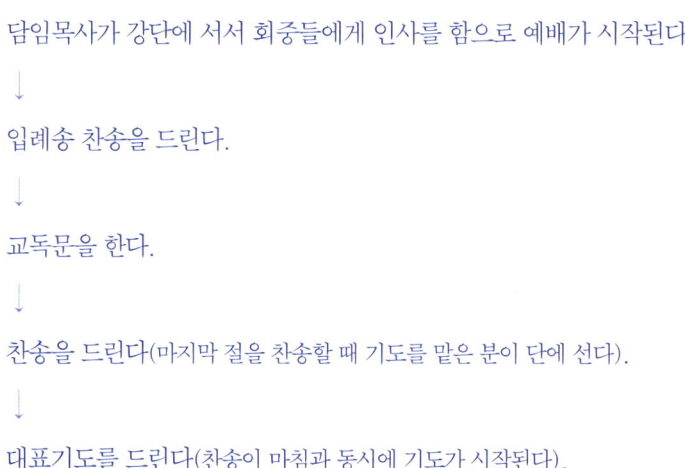

담임목사가 강단에 서서 회중들에게 인사를 함으로 예배가 시작된다.
↓
입례송 찬송을 드린다.
↓
교독문을 한다.
↓
찬송을 드린다(마지막 절을 찬송할 때 기도를 맡은 분이 단에 선다).
↓
대표기도를 드린다(찬송이 마침과 동시에 기도가 시작된다).

예배 인도자가 "아무개 장로님이 나오셔서 기도 하겠습니다"라고 말하고 그 뒤를 이어 기도 맡은 사람이 또 "기도 하겠습니다"라고 하여 중복되는 일, 군더더기가 전혀 없도록 예배를 집례 한다.

대표 기도를 드리는 시간도 1분 30초를 넘기지 않는다. 우리교회는 장로님, 권사님, 남자 서리집사님, 여 집사님이 한 주씩 돌아가면서 맡는다. 또 대표기도를 맡으신 분들은 모두 반드시 A4용지 반 정도 분량, 1분 30초 정도의 기도문을 적어 와서 기도해야 한다. 준비되지 않은 기도는 중언부언하기 쉽기 때문이다.

중언부언하는 기도를 듣는 사람들은 무슨 말인지 도무지 정신이 하나도 없다. 그나마 기존 성도들이야 은혜로 억지로 이해해준다지만 믿지 않는 사람에게는 이해도 되지 않고 졸리기만 할 수 있다.

때문에 짧고 간결하지만 강력한 기도문을 작성하여 준비된 기도를 드린다. 그렇게 하다 보니 기도 시간이 매우 은혜롭다.

물론 개인기도는 뜨겁게 시간에 제한을 받지 말고 해야 한다. 하지만 공중기도는 성령님이 임재하시도록 간단하면서도 강력하게 해야 한다. 정성을 다하여 기도할 때 회중들은 은혜를 받는다.

한번은 너무 흥분한 나머지 5분이 넘게 기도하신 장로님이 계셨다. 그래서 그 분은 5년 동안 대표기도를 하지 못했던 적도 있다.

대예배 기도를 맡게 되면 일주일 내내 기도로 준비하라. 필요하다면 금식하면서 준비하라. 한 문장, 한 문장 하나님의 능력이 임하도록 준비하라. 그렇게 최선을 다하여 준비한 기도를 드릴 때 하나님의 역사가 일어난다.

↓
특송을 한다(성가대는 없다).

우리교회는 정해진 성가대가 없는 대신 누구든지 한달 전에 미리 지휘자에게 특별찬양 신청하면 성가대석에서 특송을 할 수 있다. 교구, 주일학교 교사들, 학생들, 청년들, 젊은 사람들을 중심으로 한 기타 동아리, 장로님 부부 등 누구라도 지휘자가 허락만 하면 충분히 연습한 후 예배시간에 특별찬양을 드릴 수 있다.

↓
특송이 끝나면 젊은 청년 찬양 팀이 나와 박수를 치며 회중들과 함께 힘 있게 찬양으로 영광을 돌린다.

이때 예배시간에 흩어져 있는 찬양을 연달아 집중적으로 묶어 네 곡 정도 찬양을 한다. 누구나 박수를 치면서 자연스럽게 찬송을 드린다. 그 후에는 예배 중 찬양이 없다.

↓
담임목사가 강단에 올라간다.

우리교회는 강단에 의자가 없기 때문에 찬양을 드리는 시간까지는 담임목사도 회중석에서 함께 앉아 예배를 드린다. 담임목사가 강단에 올라갈 때 간증자도 함께 강단에 올라간다.

↓
성도들이 5분 간증을 한다.

목회자가 설교하기 전 5분 동안 성도들의 간증을 듣는 우리교회만의 독특한 예배순서가 있다. 예수님을 믿기 전에는 어떠한 사람이었는데 어떻게 예수님을 믿게 되었고, 예수님을 믿고 난 후 어떻게 달라졌는가에 대해서 간증한다.

간증을 마치면 간증자의 가족이나 지인들이 인터뷰를 하고 그 후 간증자에게 꽃을 전해 준다. 이 간증을 통하여 많은 사람들이 은혜를 받는다.

↓

설교를 한다.

방송설교에 맞추어서 24분 동안 설교를 한다.

↓

결단의 기도를 한다.

이 때 새 가족 명단이 강단 위로 올라온다.

↓

옆 사람과 인사를 나눈 후 광고를 한다.

매주 30명-50명 정도 등록을 하는데 그 분들에게 찬양단이 교회에서 준비한 화분을 드리며 축하한다. 화분을 들고 다니는 사람은 새신자이기에 온 성도가 정성으로 맞아준다.

↓

헌금기도 및 축복기도로 예배를 마친다.

예배의 모든 순서가 진행되는 동안 가장 중요한 점은 처음부터 끝까지 단 1초도 쉼이 없이 자연스럽게 물 흐르듯 이어져야 한다는 것이다. 텔레비전 광고를 보라. 한 회당 15초 길면 20초이다. 의

도된 것이 아니라면 단 1초도 흑백으로 시간을 허비하지 않는다. 만일 2초만 화면이 까맣거나 하얗게 나온다면 방송사고이다. 그렇다면 하나님 아버지 앞에 드리는 예배야말로 더 말할 필요가 없는 것 아닌가?

은혜롭고도 매끄럽게 예배가 진행되도록, 명품 예배가 되도록 예배를 돕는 자들은 최선을 다한다.

우리교회는 주일예배 때에만 간증을 들을 수 있는 것이 아니다. 우리교회는 철야기도가 없는 대신 수요일에 심야기도를 한다. 수요심야 기도 때에도 설교를 마친 후 세 사람이 올라가 간증을 한다. 특별히 맨 마지막 간증자는 장로님이나 안수집사님이나 권사님이 맡는다. 굳이 팀장이라고 정하지 않아도 마지막으로 이름이 적힌 사람이 그 날 수요기도회의 팀장이 된다.

간증의 내용은 정해진 것이 아니다. 때로는 예수 믿게 된 간증을 하기도 하고, 또 때로는 은혜 받은 간증을 하기도 한다. 섬기는 일에 대한 간증을 하기도 하고, 전도했던 사역을 함께 나누기도 한다. 구역이 얼마나 좋은지, 어떻게 은혜를 받게 되었는지, 어떻게 신앙의 결단을 하게 되었는지, 어떻게 십일조를 드리게 되었는지, 어떻게 건축헌금을 드리게 되었는지 등을 간증한다. 그들이 받은 감동을 나누는 가운데 교인들도 한 마음이 된다.

간증을 마치면 온 성도가 뜨거운 마음으로 박수를 쳐준다.

팀장은 간증자에게 기도 주제를 두 가지 정도 정해서 준다. 그러면 비록 새신자이지만 그 간증자가 기도회를 인도한다. 다른 교회에서는 1-2년 정도 믿은 사람이라면 새신자에 속하지만 우리교회에서는 이런 사람들도 통성으로 기도회를 인도한다.

첫 번째 간증자가 기도회를 인도하고 내려오면, 두 번째 사람이 바로 이어서 간증을 한다. 내용은 다르지만 모든 간증이 얼마나 감동적인지 모른다. 그렇게 간증을 나눈 후 또 통성으로 기도를 한다.

마지막 간증자가 간증을 하고 통성기도를 하면서 기도회는 마치고 계속 기도할 사람들은 남아서 기도하게 된다.

간증자들이 자신이 받은 은혜를 간증하면 장로님들과 성도님들은 은혜 받은 것을 감사하며 격려해 준다. 때로는 간증하는 중에 성도님들의 실명이 거론되면서 고마움을 전하기도 한다. 그러면 실명이 거론된 성도님들은 '부족한 나로 인하여 이 사람이 이렇게 예수님을 믿게 되었다고 하니…' 하며 감사의 바통을 잇게 된다.

많은 사람들이 교회에 처음 왔을 때 말씀을 들으면서, 간증을 들으면서, 찬양을 들으면서, 눈물을 흘렸다고 한다. 남자들은 부끄러운 마음에 '울면 안 된다' 싶지만 자기도 모르게 눈물이 나와서 예배시간 내내 어쩔 줄 몰랐다고 간증을 하곤 한다.

이처럼 온 교인들이 격려하고, 위로하고, 세워주면서 이론으로는 설명할 수 없는 기적들이 교회 안에서 실제로 일어난다. 오늘도 예배를 통하여 수많은 회심이 일어나고 있다. 예배를 통하여 하나님을 경배하고 죽은 영혼이 살아난다. 그런 명품 예배가 되도록 오늘도 최선을 다한다.

가족 같은 교회,
형제 같은 직분자

"그러므로 이제부터 너희는 외인도 아니요 나그네도 아니요 오직 성도들과 동일한 시민이요 하나님의 권속이라"(엡 2:19)

교회는 본디 처음부터 한 가정이고, 성도는 한 가족이다. 왜 예수님께서 교회를 일컬어 가족이라고 하셨는가? 본질적으로 예수님의 피로 맺어졌기 때문이다.

가정을 보라. 힘과 능력이 있는 부모가 어린 자녀들을 섬긴다. 아기 때는 씻어주고 기저귀를 갈아준다.

어린 자녀를 향하여 이렇게 말하는 부모가 있는가?

"여보, 우리 집에 아이가 셋이니 얼마나 좋은지 모르겠다. 이제부터 일할 필요도 없다. 그치? 첫째는 물 떠오라고 하고, 둘째는 발 씻으라고 하고, 셋째는 청소하라고 하자."

"앵벌이 시켜서 돈 벌어 오게 하자!"

이렇게 말하는 부모는 없다. 만일 그런 부모가 있다면 아동폭행죄로 고발되어 감옥에 가게 될 것이다.

하나님의 교회 역시 마찬가지다. 먼저 믿은 자들이 섬겨야 한다. 주님은 으뜸이 되려면 먼저 종이 되라고, 섬기는 자가 되라고 하셨다. 낮아지면 높이 세우겠다고 하셨다.

> "또한 지도자라 칭함을 받지 말라 너희의 지도자는 한 분이시니 곧 그리스도시니라 너희 중에 큰 자는 너희를 섬기는 자가 되어야 하리라 누구든지 자기를 높이는 자는 낮아지고 누구든지 자기는 낮추는 자는 높아지리라" (마 23:10-12)

직분자들이 먼저 낮은 곳에서 섬길 때 교회는 폭발적인 하나님의 역사가 일어난다. 하나님께서 이 땅에 오셔서 우리를 섬기신 것처럼 우리도 하나님을 본받아 섬기는 자가 되어야 한다.

'어떻게 하면 잘 섬길까?'

이것이 하나님이 바라시는 하나님의 교회의 모습이다.

우리교회에서 섬김의 본이 되시는 분들은 장로님이다. 우리교회는 한 구역이 1500명 식사를 모두 감당한다. 주일 점심식사는 물론이고, 저녁식사까지 준비한다. 교구장, 장로님들이 이 구역 할 때에도 도와주고, 저 구역 할 때에도 도와주면서 먼저 성도들을 섬긴다.

이기적인 사람은 아무도 좋아하지 않는다.

고압적인 사람은 아무도 좋아하지 않는다.

반대로 섬기는 사람은 모두 좋아한다.

고압적인 장로님들을 좋아하는 성도는 없다. 때문에 장로와 목사는 더욱더 성도들을 격려하는 데 힘써야 한다. 그렇게 2-3개월만 노력한다면 교회 분위기는 확연히 달라질 것이다.

격려가 없을 때에는 인상 쓰는 사람들로 교회가 썰렁하지만, 격려가 풍성해지면 밝고 기분 좋은 성도들로 온 교회가 따뜻해진다. 불신자들이 보기에도 다른 인상으로 느껴진다. 사회에서는 높은 자리에 있는 사람들이 교회 안에서 가장 낮은 자리에서 섬길 때 그 모습을 보면서 감동을 받는다.

우리교회에 처음 온 사람들이 한결같이 하는 말이 있다.

"성도님들의 인상이 참 밝습니다. 그것이 가장 먼저 눈에 띕니다."

얼마 전까지만 해도 우리교회는 어린이집 차량을 운전해 주시는 분과 교역자 외에는 유급직원이 단 한 명도 없었다. 교회의 그 많은 일들을 누가 다 하는지 아는가? 장로님들이 모두 맡아서 하신다. 새벽기도 차량운행도 장로님들이 하시고, 교구를 맡아서 구역장들을 섬기는 것도 장로님들이 하신다. 특히 장로님들은 노인구역을 섬긴다. 차도 제대로 타지 못하시는 어르신들을 온천에 모시고 가서 자기 돈으로 목욕도 시켜드리고, 맛난 식사도 대접한다. 완전히 형제처럼, 자매처럼, 부모처럼 섬긴다.

우리교회는 새신자들이 워낙 많다 보니 나온 지 1년이 되지 않아도 회심의 경험이 확실하고, 열심과 책임감이 있으면 구역장으로 세워진다. 그렇다 보니 예수 믿고, 은혜 받고, 구역장이 되기는 했지만 성경에 대해서나 교회 전반적인 일들에 대해서 잘 모르는 구역장들이 많다. 이런 문제점을 맡아서 해결해 주시는 분들 역시 장로님이다. 혹 그런 구역장이 세워지면 장로님들이 그 구역의 구역원으로 들어가서 구역장이 하라는 대로 순종하며 따라주고, 간혹 잘 못하는 것들이 보이면 잘할 수 있도록 옆에서 격려해준다.

"대단하십니다."

"너무 잘 하십니다."

"장로인 제가 따라갈 수도 없겠네요."

계속 격려를 해주니까 신앙생활 한 지 1년만 되면 다른 교회 안수집사보다 더 일을 잘한다.

명절이 되면 장로님들은 교구 성도들에게 양말을 돌리기도 하고, 어르신들에게는 돼지고기라도 한 근 사서 선물한다. 성도들도 명절이나 크리스마스가 되면 장로님을 찾아뵙고 감사의 뜻을 전한다. 장로님들이 이렇게 섬길 수 있는 가장 중요한 마인드는 교회는 한 가족이라 여기기 때문이다.

성도들의 관계가 이러하다 보니 마귀가 들어올 틈이 없다. 마귀가 역사하지 못한다. 서로 섬기라. 그래야 교회 안에서 마귀가 장난하지 못한다.

우리교회는 5년마다 장로 재신임 투표를 하고, 6년마다 담임목사 재신임투표를 한다(단 60세가 넘은 분은 하지 않는다). 그 때 과반수를 득표하지 못하면 장로직에서 탈락이 된다. 지금까지 장로님들 재신임 투표 때 몇 % 지지를 받았는지 아는가? 98.2%다. 강압적으로 하거나, 찬성에 표를 던지라고 말을 한 적은 결코 없다. 그런데 성도들의 거의 100%가 찬성을 했다.

원칙적으로 교회의 모든 직분은 하나님의 영광을 드러내기 위해서 세워졌다. 하나님을 섬기고 사람을 섬기는 것, 직분의 목적은 섬김이다. 이것이 바로 세워지지 않는다면 하나님의 교회와 세상의 조직이 다른 점이 무엇이겠는가?

예수님께서 말씀하셨다.

"또 그들 사이에 그 중 누가 크냐 하는 다툼이 난지라 예수께서 이르시되 이방인의 임금들은 그들을 주관하며 그 집권자들은 은인이라 칭함을 받으나 너희는 그렇지 않을지니 너희 중에 큰 자는 젊은 자와 같고 다스리는 자는 섬기는 자와 같을지니라 앉아서 먹는 자가 크냐 섬기는 자가 크냐 앉아서 먹는 자가 아니냐 그러나 나는 섬기는 자로 너희 중에 있노라"(눅 22:24-27)

세상의 권력은 높이 올라갈수록 다스린다. 그러나 하나님의 나라는 세상과 완전히 거꾸로이다. 목사는 장로님을 섬기고, 장로님은 성도들을 섬겨야 한다. 세상의 권력이 위는 좁고 아래는 넓은 삼각형 구조라면, 교회는 목사와 장로들은 아래로 내려오고 성도들은 위로 올라가는 역삼각형 구조가 되어야 한다.

때문에 우리교회는 장로나 안수집사 직분을 세울 때 직분을 받는 자들이 돈을 내서 뭔가 하는 것이 없다. 일단 장로가 되면, 집사가 되면, 완전히 죽었다고 생각한다. 왜냐하면 교회에서 시키는 것은 무조건 해야 하는 종 가운데 종으로 세워진 것이라 여기기 때문이다. 물론 교회에서는 예산이 허락하는 한 그들이 마음껏 사역할 수 있도록 지원한다.

교회에 일이 생기면 24시간 가리지 않고 직분자들에게 전화를 한다. 그러면 직분자들은 곧바로 달려와 일을 처리한다. 새벽 2시에 전화를 해도 5분 안에 달려와 일을 처리하고 전화로 결과를 알려준다. 교회에서 직분을 받았다고 하는 것은 교회가 필요로 하면 뭐든지 하겠다는 헌신의 다짐이다.

'나는 성도들의 발을 씻어주는 종이다.'

절대로 이것을 잊지 말라.

또 목사나 장로는 마치 집안의 큰 형님처럼 교인들의 은사를 발견하여 섬길 수 있도록 최대한 뒷받침을 해주어야 한다. 큰 형님들은 동생들을 도와주고 잘 될 때 내 일처럼 기뻐한다. 그래야 그 집안이 산다.

집안에서 부모는 자녀들을 철저하게 섬겨야 한다. 열심히 돈 벌어서 등록금을 대주고, 밥도 해주고 옷도 사준다. 그렇게 사랑으로 섬긴다. 때때로 자녀들이 투정을 부려도 잘 타이른다.

아이가 아침 7시에 깨워달라고 하여 아무리 깨워보지만 일어나지 않고 늦장을 부린다. 도저히 못 일어나니까 안쓰러운 마음에 조금이라도 더 자라고 30분 후에 다시 깨운다. 그러면 30분 늦게 일어난 아이가 성질부터 부린다.

"왜 지금 깨워요?"

자기 잘못은 오간 데 없고 다짜고짜 어머니 탓부터 한다.

자녀가 늦장을 부려서 허겁지겁 뛰어가는데도 엄마는 혹시 배가 고프지는 않을까 걱정이 되어서 뭐 하나라도 더 먹이려고 애가 탄다. 이것이 부모의 마음 아닌가? 이것이 섬기는 어른이다.

예수님께서는 누누이 섬기라고 말씀하셨다. 발을 씻어주는 사람이 되라고 하셨다. 내가 너희에게 본을 보인 것처럼 그렇게 섬기는 자가 되라고 하셨다. 낮아지면 높아진다고 말씀하셨다. 예수님께서 수도 없이 섬기라고 말씀하셨는데 지금 한국 교회는 그 말씀을 실천하고 있는가? 예수님의 말씀과는 완전히 거꾸로 가고 있지는 않는가?

장로님들이 먼저 섬김의 본을 보일 때 성도들도 장로님들을 마음 깊이 존경하고 아버지처럼 모신다.

열심히 교회 사역을 감당하시는 한 장로님이 계셨다. 건축 일을 하시는 장로님이셨는데 얼마 전 어려움을 당하게 되었다. 다행히도 장로님의 부인이 음식을 참 잘했다. '어디 음식점을 할 만한 장소가 없을까?' 찾던 가운데 어느 분이 황토로 지은 집을 무료로 빌려주었다. 6개월은 무료로 빌려주고, 6개월이 지나면 약간의 이익금만 달라고 했다.

하나님의 은혜로 가게 자리는 얻었는데 음식점을 열 자본이 없었다. 심지어 간판 하나 달 돈이 없었다.

이 장로님은 혹시 구역식구들에게 누라도 끼치게 될까 염려가 되어서 아무 말도 하지 않았다. 그런데 구역원들을 중심으로 성도들이 모여서 자기 일처럼 장로님을 도왔다. 몇 성도는 간판을 달아주고, 어떤 사람은 식당 집기를 사주고, 어떤 사람들은 조리대를 설치해줬다. 이런 성도들을 보면서 장로님이 감격하여 눈물을 글썽인다.

"목사님, 내가 이렇게 교인들의 사랑을 받아서 어떻게 합니까?"

평소에 장로님이 얼마나 교인들을 철저하게 섬겼는지, 이제는 성도님들이 장로님을 떠받드는 것이다. 이처럼 장로님들과 성도들은 마치 한 가족의 형님, 오빠와 같아야 한다.

교회는 권속, 한 가족이 아닌가? 유무상통해야 하고, 있는 것은 나누고 섬겨야 한다. 이렇게 섬기는 직분자가 되어야 한다.

우리교회는 장로석을 따로 두지 않는다. 그래서 처음 교회에 온 사람들은 6개월이 지나도 누가 장로인지조차 모른다. 장로들은 예배 전 밖에 서 있다가 성도가 오면 뛰어 반겨 맞는다. 우리교회에서 가장 친절한 사람들은 장로이고, 그 다음으로 친절한 사람들은 구역장이고, 그 다음은 집사님이다.

먼저 믿은 자들은 철저하게 다른 사람을 섬겨야 한다.

서울에 있는 한 대형교회는 국회의원 장로님들이 교회 공동체 안에서 주차관리도 하고, 새 가족에게 밥도 날라준다고 하지 않는가? 세상에 나오면 국민을 대변하는 높은 지위의 사람들이지만 교회 안에서는 고개를 숙여 성도를 맞이하는 섬기는 자인 것이다. 그러니 교회 오는 사람이 얼마나 행복하겠는가?

교회에서 직분자들은 철저히 섬겨야 한다. 섬기지 않으면 직분자가 아니다.

교회의 전반적인 분위기가 이렇다 보니 성도들의 삶의 변화가 급속하게 일어난다. 예수님을 믿은 자들이 감동을 받으면 믿음은 급성장한다.

오래 믿어야 믿음이 자란다고 생각하는가? 그렇지 않다. 예수님을 처음 믿게 된 후 지금까지, 가장 믿음이 뜨거웠을 때가 언제였는가? 대부분의 사람들은 처음 믿었을 때이다. 예수 믿고 가장 좋았을 때에도 처음 믿었을 때이다. 대부분의 사람들은 처음 믿었을 때 가장 믿음이 좋다. 물론 처음에 미지근하게 믿다가 나중에 좋아지는 사람도 있기는 하지만 대부분 처음 예수님을 믿을 때 가장 행복하고 뜨겁게 믿는다. 믿은 지 3개월에서 6개월이 되면 믿음이 급속히 자란다. 이 때 이 성도들의 믿음이 꺾이지 않고 계속 성장할 수 있도록 뒷받침을 해주는 것이 교회의 사명이고 직분자가 해야 할 일이다.

절대로 사람을 향하여 비난하거나 비판하지 말라.

"굴러온 돌이 어디 박힌 돌을…."

텃세를 부려서는 안 된다. 교회는 시장터가 아니다.

이런 말을 하는 사람들을 향하여 하나님께서는 그 날에 엄중한 책임을 물으실 것이다.

한번은 하나님께서 환상 가운데 직분자가 죽는 순간 벌어지는 광경을 보여주신 적이 있다. 얼마나 놀랐는지 온 몸이 땀으로 다 젖었다. 혹시 잊을까 싶어서 아내에게 연필과 종이를 가지고 오라고 하여서 일일이 적어두었다. 직분을 받았지만 직분자의 역할을 하지 못하고, 오히려 먼저 믿은 사람이 나중에 믿은 사람을 꺾었던 자의 죽음의 순간을 보여주시는데 그때의 두려움은 말로 다 못한다.

성경은 분명히 말씀하신다.

비판하지 말라.

비난하지 말라.

헤아리지 말라.

새신자들이 비록 실수할지라도 교회 직분자들은 격려하고 세워주어야 한다.

"마음껏 소신껏 해보십시오."

새신자들이 믿음의 거목이 되도록 격려하고 세워줘라. 뭔가 조금만 하려고 하면 탁 꺾는데 어찌 큰 나무로 자랄 수 있겠는가? 먼저 사람을 키워야 한다. 마음껏 주님의 일을 할 수 있도록 지지해 주고 격려해 주라.

하나님이 세우신 권위에 순종하는 성도

 앞서 언급한 것처럼 우리 교회는 담임목사와 함께 1년 6개월 과정의 제자훈련과 6개월 과정의 사역훈련을 받지 않으면 안수집사, 권사, 장로로 세우지 않는다. 추천 자체가 되지 못한다. 지금까지 우리교회에서 직분자로 추천받은 사람 가운데 떨어진 성도는 한 사람도 없었다. 우리교회에서 직분자로 추천받은 자는 100% 세워졌다. 하지만 직분자로 추천을 받기 위해서는 반드시 담임목사님과 성경공부를 해야 한다.

그렇게 하는 데에는 이유가 있다. 사실 교회 안에서 주장되는 말들을 들어보면 다 옳다. 그런데 다른 조직과는 달리 교회는 옳은 것보다 더 중요한 것이 있다. 교회 안에서 성도들마다 생각이 다르다 보니 옳고 그름의 문제가 아닐지라도 중론이 생길 수 있다. 하지만 이 모든 것들의 최종 결정은 담임목사가 내려야 한다.

"모든 것이 가하나 모든 것이 유익한 것은 아니요 모든 것이 가하나 모든 것이 덕을 세우는 것은 아니니 누구든지 자기의 유익을 구하지 말고 남의 유익을 구하라"(고전 10:23-24)

다른 주장이 옳을 수도 있고, 그 주장대로 할 수도 있겠으나 모든 방법을 다 해볼 수는 없는 일 아닌가? 그러기에 담임목사가 기도하고 응답받은 방법을 따르다 보면 교회는 든든히 세워져갈 것이다.

그 교회를 위해서 세운 사자를 통하여서 일하시는 것, 이것이 하나님의 일하시는 방식이기 때문이다. 이러한 질서가 제대로 서지 않으면 교회의 힘은 분산되고 능력은 사장된다.

교회 건축을 할 때 담임목사의 의견을 가볍게 여기고 교회를 세우는 것을 본 적이 있다. 물론 목회자가 교회 건축의 전문가는 아니다. 하지만 그렇다고 해서 목회자의 의견을 무시한다면 하나는 알고 둘은 모르는 발상이다. 담임목사는 남들이 보지 못하는 것을 보고, 알지 못하는 것을 생각한다.

'예배, 집회, 공연, 어르신들의 자리배치는 어떻게 하는 것이 좋겠다.'

'어떤 동선으로 식당을 가는 것이 좋겠다.'

'어떻게 하면 말씀에 더 잘 집중할 수 있을까?'

이러한 목회자의 뜻을 무시하고 교회를 건축하여 후회하는 교회들이 얼마나 많은지 모른다.

우리교회 장로님들은 다양한 의견을 놓고 토론을 충분히 한다. 하지만 마지막으로 담임목사가 한가지로 정리하여 제안하면 그 자리에서 논란을 끝맺는다. 때로는 장로님들과 담임목사와 생각이 다를지라도 담임목사가 결론적으로 '이것이 좋지 않겠습니까?' 제안하면 더 이상 그것에 대하여 토를 달지 않는다.

교회를 무력하게 만드는 가장 좋은 방법이 뭔지 아는가? 담임목사를 거꾸러뜨리는 것, 담임목사의 사기를 꺾는 일이다. 그것만 성공하면 교회는 반드시 무력화된다.

알렉산더와 함께 했던 3만 명은 몇 십만이 넘는 사람들을 무너뜨렸다. 알렉산더가 어떤 전략과 전술을 사용할지라도 3만 명이 함께 힘 있게 외치고 기세 높게 나아가니까 상대도 안 되는 적은 수로도 몇 십만 명을 무찌르고 세계를 정복할 수 있었다. 칭기즈칸도 마찬가지다.

사기가 꺾인 군대는 아무리 약한 적을 만날지라도 이길 수 없다. 군대의 사기는 최고 사령관의 사기가 있는가 없는가, 최고 사령관의 자신감에 달려있다.

'내가 이 교인들을 위해서 목숨을 버려야지.'

이런 마음가짐으로 목회하는 담임목사가 섬기는 교회가 참으로 복된 교회이다. 왜냐하면 그런 목사는 쉬지 않고 기도하고 진심으로 교인들을 사랑하기 때문이다. 그러나 사기가 꺾인 목사가 있는 교회는 마귀의 놀이터가 된다. 시기하고, 질투하다가 교인들은 복을 놓치고 만다. 교회에 나오는 교인들도 불평불만만 늘어놓다가 은혜를 받지 못한다.

나는 나이로 치면 우리교회 장로님 20명 가운데 19번째로 어리다. 그렇다 보니 나이 차이가 많지 않은 장로님들은 나를 동생처럼 여겨주시고, 연세가 많으신 분들은 나를 아들처럼 생각해주시며 격려해 주신다.

"목사님! 소신껏 하십시오."

"목사님! 하고 싶으신 것 있으면 다 하십시오."

우리교회는 완전히 형제처럼, 자매처럼, 부모처럼, 장로님들이 나를 섬겨 주신다.

에베소서 2장 19절에 보면 하나님의 교회는 하나님의 권속이라고 말씀하셨다.

"그러므로 이제부터 너희가 외인도 아니요, 손도 아니요, 오직 성도들과 동일한 시민이요, 하나님의 권속이라"

전 교인들이 목사님을 가족처럼 생각할 때 그 교회는 시험에 들지 않는다. 마찬가지로 나 역시 우리교회 장로님들을 형님과 아버님처럼 모신다. 그러니까 무슨 말을 하더라도 오해가 없다. 이것이 나의 가장 큰 복 가운데 하나이다.

한번은 집회 인도를 위해 어떤 교회에 갔다.

예배 시작은 오후 7시였는데 5시 30분 쯤 도착했다. 저녁식사를 같이 하고자 나를 맞이한 부목사님이 이렇게 말한다.

"목사님, 조금만 기다리십시오. 우리 목사님이 곧 나오실 것입니다. 아직 당회가 끝나지 않았습니다."

앉아서 기다리는 동안 그 교회 주보를 훑어봤다. 광고사항에 보니 당회에 대한 내용이 있다.

'1시에 당회가 있으니 당회원들은 당회실로 모여주시기 바랍니다.'

그런데 5시 30분인 지금까지 당회가 끝나지 않았다고 했으니 4-5시간 당회를 하고 있다는 말 아닌가?

하도 이상해서 부목사님을 불러서 물었다.

"목사님! 1시부터 시작해서 지금까지 당회를 하는 모양이죠?"

"예, 우리교회는 원래 그렇습니다."

혹시나 하고 물었는데 정말 5시간 당회를 한다니 참으로 놀랍다. 하도 의아해서 다시 물었다.

"이 교회 장로님들은 연세가 어떻게 되십니까?"

"70이 되어 가시는 분들이 많이 계십니다."

"그런데 이렇게 당회를 오래 해도 괜찮습니까?"

"우리교회는 당회실 옆에 방이 하나 더 있습니다. 그래서 당회를 하다가 장로님들이 피곤하시면 3분의 1씩 나누어서 잠시 쉬고 와서 또 합니다."

"이 교회에 큰 중요한 안건이 있는가보죠?"

"아닙니다. 늘 모이면 그렇게 합니다."

회의를 위한 회의, 비난을 위한 회의, 비판을 위한 회의로는 바른 교회를 세울 수 없다.

이런 회의는 하면 할수록 회의만 생긴다.

나는 지금까지 목회하면서 100번도 넘는 당회를 열었지만 내가 계획한 사역들에 대하여 "안 됩니다", "못합니다"라고 하신 장로님들이 한 분도 없었다. 물론 모든 장로님들이 마음으로 내 계획에 동의하지 않으셨을 수도 있다. 하지만 반대 의견을 표현하지는 않으신다.

일례를 들어보겠다. 어느 교회든 건축은 참으로 어려운 일이다. 그런데 나는 교회 건축을 앞두고 건축 예산의 10분의 1을 떼어서 필리핀에 학교를 세우자고 했다. 쉬운 결정은 아니었다. 그런데 장로님들이 선뜻 그렇게 하자고 하신다.

한 번은 "올해는 개안수술을 500명을 해드립시다"라고 제안했다. 우리교회 재정이 넉넉한 편은 아니었는데도 일단 동의해 주신다.

나중에 한 장로님이 묻는다.

"돈은 어떻게 하죠?"

"돈은 나중에 장로님들이 알아서 하십시오."

또 한 번은 이런 생각이 들었다.

'교회의 성도 가운데 절반이 훨씬 넘게 여자인데, 여자들도 주일 대예배 때 기도하면 좋지 않겠는가?'

한국 교회에서는 가히 파격적이라고 할 수 있는 일이었다. 나는 한 여 집사님에게 주일 낮 대표기도를 해달라고 부탁했다. 그런데 그분이 감사하게 순종하고 기도를 하신다. 아마도 다른 교회 같으면 난리가 났을 것이다.

"아니, 여자 집사가 왜 기도를 하지?"

하지만 이 일을 놓고 뭐라 말하는 사람이 없다.

아마도 성도들이 이렇게 생각해 준 듯하다.

'목사님은 원체 목회에는 전문가이시니까 목사님이 알아서 하셨겠지.'

한번은 예배드리러 온 성도들의 옷차림을 보니까 양복 입은 사람들을 제외하고 나머지 인원 가운데 절반이 청바지를 입고 있었다. 그런데 문득 이런 생각이 들었다.

'아니, 교인들이 청바지 입고 교회에 오는데, 나도 한번 청바지 입고 교회에 오자.'

그래서 아래는 청바지를, 위에는 티셔츠를 입고 설교를 했다. 그런데 장로님들은 내가 뭘 입었는지 신경도 쓰지 않으신다. 그나마 젊은 집사님들이 내 옷차림을 보고 말한다.

"목사님, 너무 멋지십니다."

그제야 장로님들이 한 말씀 하신다.

"목사님, 멋지시네요."

나는 어떤 좋은 생각이 떠오르면 곧바로 실천에 옮기지 않으면 다른 일을 할 수가 없다. 그 일을 이루어 놓아야 잠을 잘 수가 있다. 그러다 보니 새벽기도 시간에 좋은 생각이 떠오르면 기도하고 곧바로 실천한다. 그래서 주일날 교회에 와보면 없던 것들이 자리를 잡고 있다.

공장지대로 수용되어 개발하고 있는 지역에 심방을 갔는데 수십 년 된 소나무를 옮기고 있었다. 나는 소나무가 탐이 났다. 즉시 장로님 한분과 함께 20m도 넘는 수 십 년 된 소나무를 구입하여 교회마당에 15그루나 심어놓았다. 모두가 수고했다고 격려해 주었다.

좋은 대형버스가 있다는 정보가 들어오면 버스도 구입하여 주차장에 세워져 있는가 하면, 천 평이 넘는 교회 정원에 잔디가 심겨져 있기도 하고, 지난주에 예배드렸던 교회가 불타서 철거되어 없어져 버리기도 하고, 그 자리에 한 달 만에 식당이 들어서기도 하고….

수많은 일들이 벌어졌지만 지금까지 나를 원망하거나 비난한 당회원은 없었다.

사회적으로는 자신의 분야에서 유능하신 분들이지만 교회와 목회에 대하여서는 100% 나를 신뢰해 주셨다.

나는 기도하면서 그 분들을 생각할 때마다 눈물이 난다.

좌충우돌하는 목회자를 섬긴다고 마음고생이 얼마나 많았을까?

전도 못한다고 교회를 떠나라고 소리쳐도 그냥 들어주시고, 그 다음주 25인승 버스에 수십 명을 데리고 와서는 "목사님, 전도해 왔습니다."라고 손을 잡고, 오히려 나를 격려해 주셨던 반백의 장로님들을 생각할 때 나도 그분들을 위하여 목숨까지 바치고 싶다.

2009년 11월말 현재, 이번 한해에만 우리 장로님 부부가 전도한 사람이 1300명이 넘었다고 사무실에서 확인해주었다. 복음 전하고 섬기시는 우리 장로님들 가정과 가문에 별처럼 빛나는 축복이 있기를 간절히 기도한다.

 목회자가 어떤 일을 하고자 할 때에는 그보다 훨씬 오래 전부터 깊이 생각하고 제안을 한다. 그러니 믿고, 목회자의 생각을 따르라. 그럴 때 교회가 급속하게 성장한다.

 목사의 사기가 충천하도록 하라.

> "너희를 인도하는 자들에게 순종하고 복종하라 그들은 너희 영혼을 위하여 경성하기를 자신들이 청산할 자인 것 같이 하느니라 그들로 하여금 즐거움으로 이것을 하게 하고 근심으로 하게 하지 말라 그렇지 않으면 너희에게 유익이 없느니라" (히 13:17)

 목회자가 근심하지 않고, 걱정하지 않고, 소신껏 마음대로 할 수 있도록 사기를 북돋아주라. 때로는 넘어지고, 실수하기도 할 것이다. 하지만 어린아이들을 보라. 몇 번씩 넘어지는 시행착오를 거쳐야 걸을 수 있게 된다.

 며느리가 실수할 때 시어머니가 서너 번만 야단쳐 보라. 그러면 전화 벨소리만 들어도 며느리의 가슴은 덜컥 내려앉는다. 잘 하던 일도 시댁에 가면 실수 연발이다. 하지만 며느리가 다소 실수를 하더라도 시어머니가 괜찮다며 격려해주면 상황은 달라진다.

 "나는 옛날에 더 했다. 괜찮다."

 사기를 북돋워주고, 인정해주고, 격려해줄 때 며느리는 이내 곧 실수하지 않고 능숙하게, 능력 있게, 일할 수 있게 된다. 직분자들이 철저하게 섬길 때 모든 직분자들은 존경을 받게 될 것이다.

그리고 모든 직분자가 가장 먼저 보호해야 할 분은 담임목사다. 혹시 사람들이 오해해서 목사를 향하여 비난한다면 직분자들이 앞에서 막아줘야 한다. 사실 'ㅇㅇㅇ교회가 좋다'고 말할 때 그 말의 60-70%는 '그 교회의 목사님이 좋다'는 뜻과 동일시하더라도 무리가 없다. 실제로 그렇다. 목사가 엉망이면 장로나 집사들이 아무리 좋을지라도 그 교회가 좋다고 말하지 않는다. 하지만 목사가 좋으면 성도들은 어지간하더라도 그 교회가 좋다고 한다. 때문에 직분자들은 어떻게 해서든지 목사가 목회를 잘할 수 있도록 집중하라. 그럴 때 하나님의 교회는 크게 성장할 것이다.

바울은 예수 믿는 사람들을 잡아서 죽였던 사람이다. 하지만 그가 예수님을 영접하고 난 다음에 바울을 향하여 예수님을 믿는 사람을 잡아 죽인 놈이라고 하지 않았다. 베드로는 세 번이나 예수님을 부인했던 사람이다. 하지만 그 누구도 베드로를 향해 그렇게 말하지 않았다. 때문에 사도들이 거룩한 순교의 길을 갈 수 있었던 것 아닌가?

자기를 알아주고, 실수를 감춰주고, 사기를 높여주면, 그런 성도를 위해서 죽기를 각오하는 사람은 바로 목회자들이다. 때문에 성도들은 목회자가 원래의 사명을 회복할 수 있도록 도와줘야 한다.

이렇게 철저하게 헌신할 때 하나님이 그 사람을 높이고, 또 높이고 높이는 역사가 일어날 것이다.

세계에서 벌금이
가장 많은 제자훈련

 우리 교회는 전도를 잘하는 교회로 알려져 있지만, 사실은 제자훈련으로 모든 것을 이끌어 가고 있는 교회다.

남전도회와 여전도회도 없고, 성가대도 없고, 재직회도 없다. 교역자회의도 없고, 교회에는 교역자가 가서 일할 수 있는 사무실이나 공간도 없기에 모든 교역자는 재택근무이고, 교회규모에 비하면 놀랄 일인데 부목사가 한 명 뿐이다.

그럼에도 불구하고 교회가 성장을 거듭하고 있는 것은 성도들이 제자훈련으로 신앙생활이 몸에 배어있기 때문이다.

우리교회는 담임목사와 함께 하는 제자훈련 1년 6개월 과정과, 사역훈련 6개월 과정을 이수하지 않으면 직분자로 세우지 않는다.

제자훈련을 받고 2-3개월이 지나면 수많은 사람들이 삶의 변화를 일으킨다. 180도 달라져 구경 오는 직장 동료들과 가족들이 많은 것만 보아도 제자훈련의 위력을 실감할 수 있다.

그래서 나는 모든 것 위에 제자훈련을 최우선시 하고 있다.

보통 일주일에 4개 팀을 인도하고 있는데, 세계에서 가장 벌금이 많은 훈련이기도 하다.

요절을 2절 외우지 못하면 1만원, 지각하면 1초부터 3000원씩 벌금을 내야 하고, 주일설교를 요약하고 느낀 점을 적고 적용을 해오지 않으면 5000원, 과제를 해오지 않으면 5000원, 새벽기도 나오지 않으면 5000원, 무단결석 두 번하면 탈락이고, 성경은 신구약을 3번에 나누어 읽고 요약하는데, 한번 기간을 어기거나 해오지 못하면 15만원씩 벌금을 받고 있다.

그러다 보니 어떤 사람은 한주에 벌금을 3-4만원 낼 때도 있다. 이 벌금을 현찰로 받고서야 수업은 시작된다.

이 벌금은 100% 그 제자반을 위해서 사용된다. 함께 식사도 하고, 간식도 사고, 영화도 보고, 소풍도 가고, 졸업여행도 가고….

먼저 제자 훈련을 받은 사람이나 가족은 벌금을 대신 내줄테니 참석하라고 요구한다. 왜냐하면 참석만 하면 삶이 변화되는 기적이 나타나기 때문이다. 단순한 성경공부가 아니라 삶의 태도와 생활방식이 달라지기 때문이다. 성경공부를 통해 알고 있는 지식을 훈련을 통하여 철저히 자기 것으로 만드는 것이다.

많은 사람들이 '아는 것'을 '실천하는 것'으로 착각하고 있다. 그래서 말은 옳은 것처럼 보이는데 실상은 가장 중요한 사랑과 섬김, 헌신은 잊어버리고 생활하므로 능력 없는 인생을 살고 있는 경우가 많다.

이번 31기 제자반 모집에도 100여 명이 지원을 했다.

나는 이들을 탈락시키기 위해 모든 방법을 동원하여 한 달 만에 30%를 탈락시킨다. 그때까지 탈락되지 않는 사람들은 일반적으로 졸업까지 한다.

사람이 너무 많다 보니 강의식이 되는 것 같아 안타깝지만 그 사람들을 외면할 수가 없어 '어떻게 할까?' 생각하다가 좋은 방법이 떠올랐고, 놀라운 반응이 일어났다.

모든 제자반은 설교요약을 하고 과제를 적어오는 노트가 있는데, 이들이 노트를 제출하고 가면 나는 그 많은 노트를 일일이 다 읽고 질문에 답도 적어주고, 기도도 적어주고, 격려도 적어준다. 노트를 찾아가는 사람은 그 노트에 적힌 격려와, 칭찬과, 기도와, 질문의 답을 받고서 개인적인 관계를 형성해간다.

사람이 많은 제자반은 운동도 하고, 게임도 하여 서로서로 섬기며 도와주고, 사랑하도록 한다.

제자훈련을 졸업하고 난 다음에도 그 기수는 계속적으로 모여 기도회도 하고, 소풍도 가고, 경조사도 챙겨준다.

이 제자훈련으로 말미암아 세계로교회는 하나가 되어 성장을 거듭하고 있다.

조직이 없어도 스스로 섬기기에 교회는 당회 외에는 어떤 조직도 없다.

전도가 생명인 구역

 구역장이 와서 푸념을 늘 어놓는다.

"목사님, 더 이상 구역장 일을 못해 먹겠습니다."

구역장으로 임명받은 지 3달이 채 되지 못했는데, 뭐가 그리 힘들다는 것인지 궁금하여 물었다.

"뭐가 못해 먹겠다는 겁니까?"

"잘 모여 주기만 하면 힘들어도 하겠는데, 모이지 않으니 힘들어서 할 수 없습니다."

모든 구역장들이 겪는 가장 어려운 일 아닌가?

잘 모이지 않는다.

도무지 모이지 않는다.

도무지 구역모임에 참석하지 않는다는 구역원에게 가서 넌지시 물어보았다.

"왜 구역모임에 가지 않습니까?"

"목사님, 바빠서 못 갑니다. 도무지 시간이 없습니다."

대부분 이렇게 대답한다. 하지만, 속지 말라. 이런 말들은 모두 구실일 뿐이다. 아무리 바쁘고 시간이 없어도, 그들도 자기들이 좋아하는 것들을 위해서라면 어떻게 해서라도 한다. 낚시 좋아하는 사람은 한 시간만 여유가 있으면 어느새 낚싯대를 잡고 있고, 컴퓨터 게임을 좋아하는 사람은 PC방에 가서 키보드 판 두드리고 마우스 누르고 있다.

사람이 왜 죄를 짓는가? 재미있기 때문이다.

모세는 잠시의 낙을 누리는 것을 거부했다고 말씀하신다.

"도리어 하나님의 백성과 함께 고난 받기를 잠시 죄악의 낙을 누리는 것보다 더 좋아하고" (히 11:25)

분명 죄가 주는 낙이 있다. 죄가 주는 즐거움이 있다. 죄가 즐거움을 주지 않는다면 옆에서 아무리 죄를 지으라고 권장해도 짓지 않는다. 사실 죄가 주는 은밀한 즐거움이 얼마나 큰지 모른다. 그러니까 거짓말을 해가면서도 죄를 짓는다. 구역 모임은 바빠서 가지 못한다고 하면서도 좋아하고 재미있는 일은 다 하면서 산다.

반대로 사람들은 재미없는 일은 억지로 시켜도 못한다. 때문에 구역모임도 가지 않는 것이다. 사실은 재미없어 가지 않지만 구역장 체면이라도 세워주려고 고상하게 구실을 댄다.

"왜 구역모임에 가지 않습니까?"

"바빠서 가지 못합니다."

"그렇군요. 그런데 솔직하게 구역모임을 할 때 가장 재미없는 것이 무엇입니까?"

"목사님, 죄송하지만 성경공부와 예배드리는 것이 제일 재미없습니다."

"집사가 되어서 예배드리는 것이 재미없다고 하면 됩니까?"

"죄송합니다. 그런데 솔직히 재미없습니다."

이해가 된다. 한번은 10가정 정도 심방을 마친 후 저녁에 어르신들로 이루어진 구역모임에 참석한 적이 있다. 갑자기 담임목사가 나타나니까 놀란다.

"목사님이 오셨으니 목사님께서 인도해 주세요."

"저는 옆에 있을테니 하던 대로 진행해 보십시오. 저는 너무 피곤합니다."

"그럼 기도라도 해주세요."

기도를 시작했는데 얼마나 피곤했는지 깜빡 잠이 들고 말았다. 순간적으로 잠이 들었다가 놀라서 깼다. 살짝 눈을 떠보니 구역장도 자고 있고, 구역식구들도 자고 있었다. 모두 그렇게 잠자고 있었다. 그런데 더 기막힌 일은 놀라서 깨긴 했는데 이 기도가 시작하는 기도인지, 마치는 기도인지조차 기억나지 않았다. 옆에 찬송가가 펴 있는 것을 보고서야 시작하는 기도인 줄 알았다.

이렇게 졸고 있는 모임에 불신자들이 오겠는가?

이런 식의 예배라면 더 이상 의미가 없다.

솔직히 예배가 제일 재미없다.

"그럼 그나마 재미있는 것은 무엇입니까?"

"먹고 교제할 때가 재미있습니다."

생각해보니 목회자도 귀하고, 교회도 많지 않을 때에는 구역끼리 모여서 성경공부 하는 것이 중요했다. 하지만 지금은 본인이 원하기만 하면 교회에서 열리는 온갖 프로그램에 참석할 수도 있고, 또 방송매체를 통해서 원하는 시간에 원하는 목사님의 말씀을 접할 수 있다. 게다가 교회에서는 날마다 예배를 드린다. 주일예배 드리고, 수요예배 드리고, 금요철야예배 드리고, 또 새벽마다 예배를 드린다.

사실 구역모임은 우리나라에만 있다. 그런데 마치 지금까지 해온 신앙 습관들이 법인 양, 모이면 반드시 예배를 드려야 하는 줄로 알았던 것이다.

돌아오는 주일에 선포했다.

"구역예배를 구역모임으로 바꾸십시오! 예배를 드리지 말고, 함께 모여서 식탁의 교제를 나누십시오. 모여서 먹지 않는 구역은 그 구역장을 바로 교체하겠습니다."

구역모임을 할 때 부부는 물론이고 아이들도 함께 모이는데 일단 밥을 먹으라고 했다. 아무리 그렇게 하라고 해도 오랜 습관에 젖어서 여전히 예배드리는 성도들이 있었다. 한 번 더 예배드리는 구역이 있으면 가서 상을 엎을 것이라고 엄포를 놓았더니 그 후에는 예배 드리는 구역이 없었다.

사실 가는 곳마다 식탁의 교제를 나누신 본을 보이신 분은 예수님이다. 삭개오 집에 가서도 식사하셨고, 나사로의 집에 가서도 식사하셨다. 바리새인 시몬 집에서도 심지어 마지막 날도 만찬을 하셨다.

처음에는 효과가 컸다. 모름지기 사람들은 입이 열려야 마음이 열린다. 무조건 모이면 함께 먹었다. 함께 밥을 먹고 나니까 그때부터 관계가 달라지기 시작했다. 먹고 교제하는 것이 너무 재미있다고 한다. 무엇보다 예배를 드리지 않으니까 지겹지 않다고 한다.

그런데 또 다른 문제가 생겼다. 모여서 딱히 할 것이 없는 것이다.

몇 주 후, 전화가 왔다.

"목사님, 구역끼리 모여서 먹는 것은 좋은데, 조금 이상합니다. 모여서 열심히 먹은 후 그냥 흩어지려고 하니까 뭔가 허전합니다. 계모임도 아니고…."

"예배는 드리지 않더라도 뭔가 있어야 하는 것 아닙니까?"

일리가 있다. 아무리 교제가 좋다지만 매일 먹으려고 모이는 것처럼 느껴져 성도들이 허무하게 생각한다면 문제이다. 어떻게 하나 고민하다가 이런 제안을 했다.

"그럼 이제부터는 모일 때마다 그 전 주 주일예배 때 설교한 것을 주보에 기록해 놓을 테니, 그 말씀을 가지고 은혜 받은 것을 나누도록 하십시오."

그 구역장이 묻는다.

"목사님!"

"왜요?"

"목사님은 지난 주일에 무엇을 설교했는지 아십니까?"

갑작스런 질문에 생각해내려고 머리를 돌리고 있는데 구역장이 다시 말한다.

"목사님도 모르는 판에 교인이 어떻게 알겠습니까?"

그 말에 그 아이디어는 접어야 했다.

'어떻게 해볼까?'

곰곰이 생각하다 다시 떠오른 것이 간증이었다.

"그렇다면 돌아가면서 간증을 나누어 보십시오."

이것이 소위 말하는 대박이 되었다. 이때부터 교회가 급속히 성장한 것이다.

구역모임의 가장 큰 생명은 전도이다. 구역모임은 반드시 전도로 이어져야 한다. 성도들이 함께 먹고 교제하는 이유 또한 불신자들이 쉽게 오도록 이끌기 위함이다. 때문에 구역식구들은 전략적으로 계획을 세워 전도에 힘써야 한다.

전도대상자를 초청하여 함께 구역예배를 드리려면 평상시에 미리 좋은 관계를 맺어두어야 한다. 고구마 한 박스를 사면 나누어주고, 부침개를 부치거나 밑반찬을 넉넉하게 하면 나누어주어, 친밀한 관계를 만들어 놓은 후 구역 모임시간에 그들을 초청한다.

이웃이나 전도대상자의 상황을 대충 알지 않는가? 성도들 간에 간증을 나눌 때에도 전도대상자의 형편에 맞게 하면 더욱 좋다.

간혹 술을 많이 마셔서 골치가 아픈 남편을 둔 아내를 전도하기 원한다면 미리 구역장이 분위기를 조성한다.

"야, 옛날 같으면 이 반찬이면 한 잔 땡겨야 하는데…."

그렇게 말문을 열면서 슬쩍 간증을 시작한다.

"사실 저도 교회 나오기 전 얼마나 술을 좋아했는지 모릅니다. 룸살롱도 제 집 드나들 듯 살았습니다. 열 명 넘는 직원들과 룸살롱에 가서 술값을 내느라 월급날 제대로 월급을 받지 못한 적도 많다면 말 다 한 것 아닙니까? 그러니 집안 형편이 어떠했겠습니까? 날마다 쪼들립니다. 하루는 밤 12시에 전화가 왔습니다. 친구가 룸살롱을 잡아놓았으니 나오랍니다. 자동반사적으로 벌떡 일어나서 가려고 했습니다. 옷을 입고 나가려는 나를 부인이 붙잡더니 화를 냅니다. '집보다 술집이 더 좋고, 부인하고 자식보다 술집여자가 더 좋냐'고 합니다. 그래서 저는 친구들이 오라고 하는데 어떻게 가지 않느냐고 되물었습니다. 부인이 화를 내면서 그렇게 가고 싶으면 차라리 저보고 백 대를 맞고 가라고 합니다. 알았다고 하고 백 대 맞고서 룸살롱에 간 적도 있습니다. 그러던 제게 옆에 사는 구역장이 와서 교회에 한 번만 가보자고 하도 조릅니다. 말로만 가자고 하는 것이 아니라 차마 가지 않으면 안 될 정도로 얼마나 잘 해주는지 모릅니다. 오늘은 고구마 주고, 내일은 귤 주고, 집안에 경조사만 있으면 자기 일처럼 와서 도와줍니다. 미안한 마음에 교회에 다니기는 했지만 처음에는 설교시간 내내 졸았습니다. 그런데 그렇게 억지로라도 교회에 나오다 보니 어느 날 은혜를 받게 되었고, 울고불고 회개한 후 지금은 집사가 되어서 구역장까지 맡고 있습니다. 전에는 술독에 빠져 살았지만, 이제는 술을 끊고 새 사람이 되었습니다. 미안한 마음에 한 번 두 번 나가게 된 교회 때문에 이제는 제 인생이 이렇게 달라졌습니다. 전에는 꿈도 꿀 수 없는 일이었는데 지금은 아이들을 돌봐주기도 하고 가족들에게도 잘하려고 최선을 다합니다."

옆에 있던 부인이 거든다.

"정말 당신이 술에 빠져 살았을 때에는 우리 집이 정말 지옥처럼 엉망진창이었는데, 지금 우리 집은 완전히 천국이 되었어요."

이 부부의 이야기를 듣고 있던 다른 사람이 자기 이야기를 털어 놓는다.

"구역장님도 대단하지만 전 정말 전에 더했습니다."

사실 예수 믿기 전에 술 때문에 고생하지 않은 사람이 얼마나 되겠는가? 남자들에게는 군대 이야기만큼이나 술에 관련된 이야기도 많다.

"술만 마시면 화장실인줄 알고 냉장고 문 열고 소변을 보다가 아침만 되면 집사람에게 얻어맞은 일이 부지기수입니다. 그 때에는 술값으로 얼마나 카드를 긁었는지 모릅니다. 또 그것을 막느라 거짓말도 수도 없이 했습니다. 그런데 예수님 믿고 나서 그것이 얼마나 큰 죄인지 깨달았습니다. 지금 생각하면 그 돈으로 아이들 공부를 시키고 저축을 했으면 얼마나 좋았을까 후회막급입니다. 예수님을 믿고 술을 끊고 난 후 제 인생이 이렇게 달라졌습니다."

따로 정해놓고 간증을 하는 것이 아니라, 밥 먹은 후 과일 먹으면서 편하게 교제를 나누는 가운데 이처럼 가볍게 간증을 나눈다.

결론은 구역장도, 또 다른 교인도, 오늘 처음 참석한 전도대상자의 남편보다 더 많이 술을 마시고 힘들었지만 예수 믿고 난 후 술을 끊게 되고, 이렇게 아름다운 가정을 이루게 되었다는 이야기이다.

구역모임을 마친 후 다시 그 전도대상자를 만나게 되면 그는 이렇게 말한다.

"우리 남편도 그 분들처럼 달라지면 소원이 없겠어요."

"일단 남편 오기 전에 당신부터 먼저 교회에 나와 보세요."

그러면 구역장과 구역원들이 함께 전도대상자를 또 찾아가서 교회에 나올 것을 권한다.

'정말로 저렇게 예수 믿고 달라질 수 있다면 우리 남편도 한번 데리고 와볼까?'

그렇지 않아도 남편 때문에 괴로워서 죽을 지경이었으니 못 이기는 척 따라 나선다.

아내가 먼저 교회에 다니게 된다.

그 다음은 아내와 함께 남편 전도를 위한 작전을 세운다.

우리교회는 남편이 먼저 믿든지 아내가 먼저 믿든지, 2-3개월 안에 대부분 믿지 않던 배우자가 예수님을 믿게 된다. 기도만 해서는 10년 동안 되지 않던 일이 기도와 함께 작전을 세우고, 구역원들과 함께 협력하여 전도할 때 그 일이 이루어진다.

그가 술 말고 좋아하는 것이 또 뭐가 있는지 알아보니 낚시를 좋아한다고 한다. 구역장이 먼저 남편을 찾아간다.

"김 선생님, 저희는 교회 다니느라 낚시 한 번 제대로 간 적이 없는데 이번 주 토요일에 저희 구역원들을 데리고 낚시 한 번만 가 주십시오. 김 선생님이 같이 가주시기만 하면 나머지는 저희가 알아서 준비하겠습니다. 뭘 준비해야 하는지 김 선생님이 말씀해 주십시오."

낚시는 가고 싶지만, 예수쟁이들이 같이 가자고 하니까 영 불편하다.

"시간도 되지 않고…그렇습니다."

안 가겠다고 한다.

아무리 그렇게 말하더라도 포기하지 말고 거듭 부탁한다.

"김 선생님, 그렇게 하지 말고 한 번만 데리고 가주십시오."

대부분의 사람들은 다섯 번 부탁하면 마지못해 한 번은 가겠다고 대답해 준다.

이 때 잊지 말아야 할 것이 있다. 그 날 낚시를 가는 목적은 구역원들 간의 친목도모가 아니라, 김 선생님을 전도하기 위해서라는 사실이다. 전도대상자 김 선생님만 주인공이 되도록 미리 마음을 맞추고 온 구역 식구들이 함께 낚시를 간다.

'오늘의 주인공은 오직 전도 대상자 김 선생이다.'

이렇게 하는 것이 쉬운 일은 아니다. 초창기에는 시행착오도 많이 겪었다. 한번은 전도대상자 주변에서 성도들이 끼리끼리 소곤소곤 이야기를 나누는 것을 보았다. 내가 조용히 그 곁으로 가서 알아듣도록 살짝 눈치를 줬다. 그런데 못 알아듣는다. 그래서 발을 밟아 그치게 한다는 것이 그만 한 여 집사님의 발톱을 빠지게 한 적도 있다. 몇 번 시행착오를 거치자 이제는 거의 모든 성도들이 자연스럽게 전도대상자에게 집중한다. 한 영혼을 전도하기 원한다면 그에게 집중하여 최선을 다해야 한다.

한 구역원이 이렇게 말한다.

"오늘 김 선생님 때문에 평생 처음 낚시를 다 가고… 여보, 정말 좋다. 그치?"

"그래, 다 김 선생님 덕분이지."

배를 타고 섬에 도착할 때까지 함께 가는 사람들의 모든 대화의 주인공은 김 선생님이다. 김 선생님 덕분에 이렇게 좋은 여행을 하게 되었다면서 막 띄워준다. 누구도 자기를 내세우고 잘난 척해서는 안 된다. 때로는 혼자 할 수 있는 일일지라도 먼저 김 선생님에게 묻는다.

"지렁이는 어떻게 끼웁니까?"

세워주면서 자꾸 물으면 김 선생님도 신이 나서 하나라도 더 가르쳐주려고 한다.

배운 대로 해서 고기를 잡으면 어떻게 해야겠는가?

"와! 김 선생님이 가르쳐주는 대로 하니까 고기가 잡혔네요."

고기가 한 마리도 잡히지 않으면 이렇게 한다.

"김 선생님이 가르쳐주는 대로 하지 않으니까 고기가 영 잡히지 않네요."

만약 김 선생님이 한 마리 잡으면 어떻게 해야 하겠는가?

"와! 전문가는 다르십니다. 정말 고기가 잡히네요. 그런데 이 고기 이름이 뭡니까?"

다 아는 고기일지라도 묻는다.

격려해주고, 세워주고, 힘도 준다.

잡은 고기로 찌개라도 끓여주면 장금이도 울고 갈 솜씨라고 하면서 칭찬을 아끼지 않는다.

"지금까지 먹어본 찌개 중에 제일 맛있다, 그치?"

일정을 마치면 모든 구역원들은 김 선생님에게 진심으로 고마움을 표한다. 그 날 대화의 주인공은 처음부터 끝까지 오로지 김 선생님이다.

그럼 표현을 하든, 하지 않든, 김 선생님 기분은 이미 참 좋다.

"오늘 너무 좋았습니다. 참 재미있었습니다. 제가 저녁을 샀으면 좋겠는데 김 선생님 괜찮으시겠습니까?"

상황이 이쯤 되면 김 선생님도 먼저 가겠다고 말하지 못한다. 그렇게 되면 예수 믿는 사람들에 대한 김 선생님의 마음이 서서히 바뀐다.

'전에 예수쟁이들은 독선적이고 답답한 줄로만 알았는데, 친절하고 괜찮네.'

'예수 믿는 사람들은 고리타분하고 닫힌 줄 알았는데, 그렇지 않구나.'

밥 먹고 헤어질 즈음 한 구역원이 말한다.

"김 선생님 오늘 너무 감사했습니다. 김 선생님께 너무 감사해서 이번 주 목요일 우리 집에서 식사대접을 하려고 하는데 오실 수 있지요?"

옆에 있는 사람이 분위기를 잡는다.

"우리에게는 밥 한번 사지 않더니만, 김 선생님 덕분에 우리도 밥 한 끼 얻어먹게 되었네요."

아직 어색해서 가지 못한다고 말할 수도 있다.

"시간이 없습니다."

거기서 포기하지 않고 다시 묻는다.

"그 다음 날은요?"

"그 날도 그렇습니다."

그렇게 미루더라도 5번 거절하는 사람을 본 적이 없다.

두 번째 모였을 때에는 낚시 갔을 때 얼마나 좋았는지 이야기한다. 거기서 그쳐서는 안 된다. 그 다음이 중요하다.

"우리가 같이 낚시 갔던 것을 목사님에게 이야기했더니 우리교회 목사님이 뭐라고 말씀하시는지 알아요? 요즘 세상에 김 선생님처럼 인간성이 좋은 사람이 어디 있느냐고 하십니다."

사실 목사님은 낚시 다녀 온 사실조차 모르지만 그렇게 말하는 거다.

헤어질 때에는 다시 만날 약속을 정한다.

그렇게 몇 번 만나다 보면 김 선생님과 구역원들 사이에 서서히 정이 든다.

그 때부터는 김 선생님 집안의 경조사를 챙긴다. 자녀들 입학, 결혼기념일, 생일, 그것도 마땅치 않으면 아무 날이 아니더라도 먹을 것을 챙겨서 김 선생님에게 간다. 그때 또 중요한 포인트가 하나 있다. 내 돈 주고 산 것일지라도 이렇게 말한다.

"목사님께서 김 선생님께 전해드리라고 하셨습니다."

목사님의 이름으로 선물해야 100% 효과가 나타난다. 김 선생님은 목사님을 본 적이 한 번도 없다. 하지만 교회 오기 전에 벌써 목사님 이름으로 이런 저런 것을 대접받게 된다.

이 점이 왜 중요한지 아는가? 거의 모든 사람들은 예배를 통해서 구원을 받는다. 특별히 예배 가운데에서도 한 사람의 영혼을 변화시키는 것은 하나님의 말씀이다.

그러다가 어느 날 김 선생님에게 교회에 한 번 가자고 권한다.

"김 선생님, 구경삼아 교회 한 번 가시죠?"

이미 친한 관계가 되었고, 그 동안 받은 것도 있고, 구역원들이 모두 강권하니까 인사차 마지못해서라도 와준다.

목사님은 밖에 서서 김 선생님과 같이 새로 교회에 나오게 된 사람들을 반갑게 맞는다.

그 때 김 선생님이 이렇게 인사를 한다.

"목사님 감사합니다. 뭘 그런 것을 다 주시고…."

"아이고 별 말씀을 다 하십니다. 김 선생님 너무너무 잘 오셨습니다."

이제부터 목사님이 전해주라고 한 이유가 발휘된다. 처음 교회에 나오는 사람들은 아무리 구역원들이 잘해줄지라도 일단 교회라는 것 자체에 겁을 낸다. 불신자가 교회에 처음 나올 때에는 딱히 설명하기 힘든 두려움이 있다고 한다. 다소 불편한 마음에 예배를 드리는데 목사님과 사전 관계가 형성되지 않으면 예배시간 내내 이런 생각이 든다.

'아이고, 예수쟁이들 왜 자꾸 나한테 교회 나오라 하노.'

하지만 곶감도 가져다주고, 귤도 가져다주고, 게다가 인간성도 좋다고 해준 목사님이 설교를 한다면 상황은 달라진다.

"예수님은 죽으신지 3일 만에 부활하셨습니다. 믿으시길 바랍니다."

관계가 형성되지 않았을 때에는 '어림없는 소리 하네' 하겠지만, 이미 목사님에 대하여 호감이 있다 보니까 '저렇게 나를 좋아하는 사람이 하는 말이라면 옳겠지 뭐' 이렇게 생각하게 된다. 이것이 사람의 마음이다. 이처럼 목사님의 이름으로 전해준 선물은 복음을 향한 마음의 창문을 서서히 열어주기 때문에 그렇게 하라는 것이다.

우리들도 그렇지 않은가? 미워하는 사람이 하는 말은 천하 없이 좋은 말일지라도 '웃기는 소리 하고 있네.' 이렇게 생각된다. 하지만 좋아하는 사람이 하는 말은 '그래? 그럴 수도 있겠네.' 여겨진다. 싫은 사람이 하는 말은 아무리 옳은 말일지라도 듣기부터 싫다. 그렇지만 좋아하는 사람이 하는 말은 뭐든 좋다.

이해하고 믿는 것은 아니다. 텔레비전을 이해하면서 보는가? 기술적인 부분을 다 이해하면서 텔레비전을 보는 사람은 없다. 그냥 본다. 마찬가지이다. 나를 생각해주고, 좋아해주는 목사님이 하는 말씀이라면 이해가 되지 않을지라도 '옳은 말이겠지' 하고 받아들인다. 목사님과 심리적으로 이런 저런 친분관계를 쌓게 되면 설교를 듣더라도 마음가짐부터 다르다. 이렇게 마음의 문이 열리기 때문에 급속하게 믿음이 성장한다.

힘들게 교회까지는 데리고 올지라도 교회에 정착하게 만들기는 쉽지 않다. 하지만 목사님과 이미 관계가 만들어지면 많은 사람들이 말씀을 통하여 믿게 되고, 세례를 받는다.

기억하라!

처음부터 예수님에 대해서 모두 알고 믿은 사람은 없다.

믿음은 들음에서 나고 들음은 그리스도의 말씀으로 말미암기 때문에 말씀을 증거할 때 그 곳에 성령님이 역사하신다. 그 때 전도대상자가 마음의 문을 닫아버리지 않도록 전도할 때 목사님에 대하여 좋은 인상을 심어줘라.

김 선생님이 예배를 드리고 난 후 급격히 마음이 바뀌었다. 예전에는 교회라고 하면 겁부터 났는데 막상 교회 와서 보니까 예수쟁이들도 괜찮다. 장로님들도 밖에서 만나면 참으로 높고 귀한 분들인데, 교회 안에서는 가장 낮은 자리에서 섬긴다. 그런 모습이 참 좋아 보인다. 이렇게 서서히 인식이 바뀌게 되면 금방 예수님을 믿게 된다. 전도하기가 누워서 떡 먹기이다.

부모님이 모두 교회를 나오게 되면, 그 가정의 자녀들은 저절로 교회에 나오게 된다.

문제는 시부모님들이다. 낌새가 이상해서 알아보니 아들이 교회를 나가게 되었다고 한다.

"아범이 종손인데 교회 간다며?"

그 때부터 관계가 안 좋아지게 된다. 겉보기에는 큰 일 같지만, 전도로 치자면 이런 일도 누워서 떡 먹기이다. 우리교회는 이 부분에 대해서 이미 훈련이 되었기 때문에 구역장이 그 가정에 전화를 걸어 어떻게 해야 할지 가르쳐 준다.

"어머니에게 이틀에 한 번씩 꼭 전화를 하십시오."

힘들고 불편한 관계가 되었지만, 며느리가 이틀에 한 번씩 전화를 한다.

"어머니."

"니가 어쩐 일이고?"

화가 많이 나신 것 같으면 안부만 묻고 끊는다.

이틀 후에 또 전화를 한다.

"어머니, 우리 한수가요…"

"한수가 뭘 어쨌는데?"

"한수가 할머니 보고 싶다고 하네요."

"뭘 보고 싶어!"

또 전화를 끊는다.

아무리 차갑게 하시더라도 계속 전화를 걸면 어머니가 이상하게 생각하게 된다. 아무리 표면적으로는 원수처럼 지낼지라도 부모님은 부모님이다. 어머니의 마음이 조금 너그러워진 듯 들리면 이런 저런 이야기를 한다.

"어머니, 이번 주에 교회 갔더니 목사님께서 부모님을 하나님처럼 섬기라고 하셨는데, 그 동안 잘못 섬겨서 죄송합니다. 앞으로는 잘 섬기도록 하겠습니다."

앞으로 부모님을 잘 섬기겠다고 말한다. 그 다음에는 손자, 손녀들에게 할머니, 할아버지에게 전화를 걸라고 가르친다.

"할머니, 보고 싶어요."

할머니와 할아버지들은 손자, 손녀에게는 참으로 너그럽다. 손자, 손녀 말이라면 뭐든 해주신다.

아이들에게 이렇게 전화해서 말하라고 이른다.

"할머니, 토요일에 놀러 오세요."

손자, 손녀가 몇 번 말씀드리면 반드시 오신다.

부모님이 오시면 정성스레 상을 차려서 식사를 대접한다. 용돈도 넉넉하게 드린다.

그리고 이렇게 말한다.

"아버님, 어머님. 사실은 저희가 교회를 나가서 말씀을 듣다보니까 목사님께서 부모님을 하나님처럼 섬기라고 말씀하십니다. 그런데 그 동안 저희는 그렇게 섬기지 못했습니다. 아버님, 어머님 죄송합니다. 앞으로 잘 섬기겠습니다."

그렇게 말할 때 대부분의 부모님이 눈물을 흘렸다고 들었다.

사실 예수 믿는 사람은 누구보다 부모님을 잘 섬겨야 한다. 앞으로 하나님처럼 섬기겠다는데 싫어하실 부모님이 어디 있겠는가?

"저희가 하나님께 십일조를 드리고, 부모님에게도 십일조를 드리겠습니다."

작정하고 월급의 십분의 일을 드린다고 하면 부모님이 얼마나 기뻐하시는지 모른다.

주일 아침이 되었다.

"저희가 목사님께 아버님, 어머님 말씀을 드렸더니, 우리 집에 오시면 꼭 모시고 교회로 오라고 신신당부하셨습니다."

부모님의 마음은 너그러워졌지만 그래도 처음부터 교회에 나오시는 분은 많지 않다. 그럴지라도 사랑하는 자녀가 권하고 또 권하면 대부분의 부모님들은 들어주신다.

그래도 교회에 가지 않겠다고 하면 넌지시 이렇게 말한다.

"어머니, 그이 상사도 교회를 다니는데… 부모님이 오시면 꼭 뵙고 싶다고 하세요."

자식이 잘된다고 하면 불에라도 뛰어들 사람들이 부모님이시다. 상황이 이쯤 되면 대부분의 부모님들은 교회에 나오신다.

그렇게 배우자들은 평균 2-3개월 안에, 부모님은 6개월 안에 교회에 나오신다.

부모님이 처음 교회에 나오시게 되면 미리 구역장에게 전화를 걸어둔다. 그러면 구역장은 교회 밖에 서서 기다리다가 뛰어가 반갑게 맞는다.

"아니, 어머니 아니십니까?"

예배를 마친 후, 어머니를 모시고 온 가족이 목사님을 만나러 온다. 우리교회는 부모님이 처음 교회에 나오시면 한 분은 5만원을, 부부가 함께 오시면 10만원을 드린다.

"아버님, 어머님. 원래 우리교회는 성도님들 부모님이 오시면 제가 너무 감사해서 회라도 한 접시 사드리고, 식사 대접을 꼭 합니다. 그런데 내일은 제가 일이 있어서 가지 못하게 되었습니다. 죄송합니다. 이 것 가지고 가셔서 꼭 맛있는 것 사서 드십시오."

부모님들이 받지 않으려고 하면 자녀들에게 건네면서 부모님께 맛있는 거 사드리라고 한다. 감사한 일은 그 때 많은 부모님들의 마음이 변한다. 정말 그렇다. 한번 해보라. 그렇게 두 번 오실 때까지 식사비를 드린다.

그러면 두 번째 올 때는 과일, 땅콩, 고기와 같은 것들을 들고 오시고 이고 오신다.

부모님을 하나님처럼 섬겨야 전도가 된다.

이처럼 전도에 생명을 걸고 모든 구역원들이 전도에 초점을 맞추어 힘쓰다 보니 2008년 1년 동안 한 구역에서 평균 12.5명씩 세례를 받았고 2008년도에만 590명이 세례를 받았다.

우리교회 구역의 특이한 점 가운데 하나는 여자 구역장이 없다. 60대 과부로 구성된 구역의 구역장 한 분을 제외하면, 모든 구역장이 남자다. 처음에는 남편들의 사역이 다소 부족할 수도 있다. 하지만 부인들이 적극적으로 돕는다.

구역 이름도 지명을 따라 정하는 것이 아니라 구역장 이름이 곧 구역 이름이 된다. 이를테면 '손현보 교구의 손현보 구역' 이런 식이다. 구역장 이름이 실명제로 주보에 실리는 것이다. 남자들은 대외적으로 큰일을 하고, 부인들은 전화연락을 하거나 맛있는 음식을 만들어 대접하는 섬세하고 작은 일들을 한다.

구역모임은 전적으로 구역장 주권 하에 정해지기 때문에 교회에서 일체 간섭하지 않는다. 구역장들은 자녀들의 방학기간 동안 구역원들과 함께 영화를 보러 가는 것이나, 공원에 모여서 고기 구워먹는 것과 같은 구역모임을 기획한다.

그렇게 유연성 있고 따뜻하게 모이면서 간증도 나누고 회의도 한다.

"30명이나 세례를 받는 구역이 있다는데 우리 구역은 어떻게 전도를 하지?"

"이번 토요일은 운동장에 모여서 족구대회를 합시다."

모임에 관한 모든 권한을 구역장이 가지고 알아서 하기 때문에 구역원들이 모일 때 전도하기가 참 쉽다.

전도와 말씀으로 맺어진 구역이다 보니 구역원들 간에도 얼마나 사랑이 지극한지 모른다. 연초가 되면 장로님들이 구역장 부부들을 모두 불러서 한턱을 내며 격려를 해준다. 장로님 가정에 좋은 일이 있으면 자기 집으로 초청을 해서 섬긴다. 이렇게 섬기면 구역장들도 자기 구역원들을 섬긴다. 그렇게 하니까 교회가 얼마나 행복한지 모른다.

쌀장사를 하는 구역장 집사님이 계셨는데, 그 구역장으로부터 구역원들이 얼마나 많은 섬김을 받았던지, 감사한 마음에 구역원들이 구역장의 사업을 선전해주려고 자가용에 상호를 붙이고 다닌다. 사업을 한다고 할 때 동생들이 그렇게 해주는가? 부모님이 그렇게 해주는가? 어려운 일이다. 하지만 철저하게 섬기고, 또 섬길 때 '우리 장로님이 잘 되어야 할 텐데.' '우리 구역장님이 잘 되어야 할 텐데.' '나를 섬겨주신 그 분이 잘 되어야 할 텐데.' 하는 마음으로 돕는다.

어떤 집사님은 간판을 하는 새신자의 가게에 차를 가지고 가서 이렇게 말한다.

"제가 이 간판가게를 선전해 주고 싶습니다. 그러니까 제 차에 간판 가게 이름이랑 전화번호 좀 붙여 주십시오."

"아니, 어떻게 그렇게 합니까? 안 됩니다."

"꼭 그렇게 하고 싶습니다."

자발적으로 새신자 간판가게 홍보를 해준다.

내가 속한 구역원들이 진심으로 잘되기를 바라는 마음이 있을 때, 이런 모든 일들이 자발적으로 이루어진다.

교인들이 이구동성으로 하는 말이 있다.

"목사님, 전도가 이렇게 쉬울 줄 몰랐습니다."

"전에는 전도하려면 철야 기도하고 온갖 힘을 다 썼는데 그렇게 하지 않아도 전도가 너무 쉽습니다."

"목사님, 저는 전도가 어려운 일인 줄 알았습니다. 나 같은 사람이 복음을 전한다고 한들 교회에 오지 않을 줄 알았습니다. 그런데 해보니까, 전해보니까 됩니다."

전도는 결코 어려운 것이 아니다. 관심만 가지면 너무 쉬운 것이 전도이다.

전도는 하면 된다. 내 능력을 믿는 것이 아니라, 하나님의 능력을 믿고 하나님 아버지 앞에 나아가 간구해 보라.

"나는 능력이 없습니다. 내 자신은 능력이 없습니다. 하지만 믿음이 무엇입니까? 내 자신을 바라보는 것이 아니라, 전능하신 하나님을 바라보는 것이 믿음 아닙니까? 나는 부족하고, 약하고, 가진 것도 없고, 아무 것도 아니지만, 능하신 하나님을 의뢰하면 이루시는 분은 하나님이신 줄을 믿습니다. 내가 믿는 것을 만지고 보고 손으로 느끼는 것이 믿음의 보상인 줄로 믿습니다."

많은 사람들이 지금 시대는 전도가 힘들다고 한다. 하지만 내 생각은 다르다. 지금도 얼마든지 전도가 가능하다. 우리교회와 같은 시골 교회도 가능했다. 사람들은 복음전파는 하늘에 계신 하나님을 끌어내리는 것만큼, 음부에 있는 사람을 끌어올리는 것만큼 어렵다고 생각한다. 하지만 우리 하나님은 그렇지 않다고 말씀하신다. 누구든지 주의 이름을 부르기만 하면 구원을 받는다고 하신다. 구원은 쉬운 것이라고 말씀하신다. 결단코 어려운 것이 아니라고 말씀하신다(롬 10:6-10 참조).

심지어 이사야 선지자조차 하나님께 물었다.

"주여, 우리가 전한 것을 누가 들었나이까?"

주님은 말씀하신다.

"그들이 듣지 아니하였느냐 그렇지 아니하니 그 소리가 온 땅에 퍼졌고 그 말씀이 땅 끝까지 이르렀도다 하였느니라" (롬 10:16-18)

아무도 듣지 않는 것 같다. 그리고 누가 내 말을 들었을까 생각한다. 하지만 하나님의 말씀은 증거하고 또 전파하면 온 땅에 퍼져 땅 끝까지 이른다. 때문에 오늘 여기까지 오게 된 것 아닌가?

세계로교회에 부임했을 때, 이렇게 부르짖어 기도했다.

"하나님, 이곳은 95%가 그린벨트로 묶여 집 한 채 지을 수 없는 곳이지만, 능하신 하나님이 함께하시면 됩니다."

지금까지 교회를 4번 건축을 하고, 이제는 한번에 3000명이 함께 예배드릴 수 있는 예배당이 세워졌다. 하나님께서 은혜를 주시니까 지역 주민들보다 6-7배나 되는 많은 사람들이 몰려온다. 하나님께 기도했더니 5000평의 대지를 주셔서 이곳에 모든 것을 다 설립할 수 있었다.

우리 교회는 2008년에 590명이 세례를 받았다.

2007년에는 418명이 세례를 받았다.

2006년에는 322명이 세례를 받았다.

2005년에는 258명이 세례를 받았다.

근래에 어느 한 시점부터 교회가 급속도로 성장한다. 촌에서 주민들 숫자만큼 모인다고 하는 것 자체가 기적인데 어느 시점에 이르니까 교회가 1년에 3분의 1씩 성장한다.

　1만 명이 모인다고 하는 어떤 큰 교회에서 1년에 세례를 받는 사람의 숫자가 300명이라고 한다. 사실 서울의 어느 큰 교회보다 더 많은 사람들이 우리교회에서 세례를 받고 있다.

　사도들은 예수님으로부터 명령을 받았다.

"또 가라사대 너희는 온 천하에 다니며 만민에게 복음을 전파하라" (막 16:15)

　그때 사도들은 이상하고 의아스럽게 생각했다.

　'배나 닦고 그물질이나 하는 우리 같은 촌놈이 어떻게 세계만방에 나가서 복음을 전한단 말이냐?'

　믿을 수 없는 사건이었지만, 그들이 행하니까 그대로 되었다.

　1863년 토마스 선교사님이 한국에 오셨을 당시 이미 영국에는 지하철이 다녔다. 반면 우리나라는 미개한 민족이었다. 초기 선교사님들이 기록한 일기와 책을 보면 다음과 같이 적혀 있다.

　"하나님, 이 미개한 조선 민족이 정말로 변화될 수 있겠습니까? 이곳이 하나님이 통치하시는 나라가 되고 하나님 앞에 돌아올 수 있습니까?"

　복음을 전하면서도 여전히 의문스러웠다.

　'수백 년 동안 유교와 불교로 찌들어 있던 이 나라에 정말 하나님의 복음이 전해지고, 그리스도인들이 세워질 수 있을 것인가?'

　의아스럽게 생각했다. 하지만 100년이 지난 지금을 보라. 아파트 위에서 온 동네를 돌아보며 십자가가 과연 몇 개인지 세어보라. 얼마나 많은가? 동네마다 교회가 세워져 있고, 하나님을 찬양하는 민족이 되었다.

어려움이 있겠지만 그럼에도 불구하고 하나님의 말씀을 믿고 하나님의 말씀을 증거하기만 하면 하나님의 복음에는 능력이 있기 때문에 반드시 구원의 역사가 일어날 것이다.

911테러가 일어나기 일주일 전, 우리 부부는 그 곳에 여행을 갔었다. 일주일 후, 그 어마어마한 빌딩이 불에 타고 그 높은 곳에서 사람들이 뛰어내리는 것을 보면서 얼마나 끔찍했는지 모른다. 그 높은 곳에서 뛰어내린 사람 치고 살아남은 자가 있는가? 100% 다 죽었다. 그들은 죽을 것을 알면서도 너무 뜨거우니까 뛰어내렸다.

CNN에서 과연 몇 명이나 뛰어내렸는지 헤아려보니까 확인된 사람만 237명이었다고 한다. 뻔히 죽을 줄 알면서도 손을 잡고 함께 뛰어내린 사람도 있다. 왜 그렇게 했겠는가? 불에 타죽는 것보다는 낫다고 생각했기 때문이다.

주님께서는 지옥은 영원히 불이 꺼지지 않는 곳이라고 말씀하셨다. 때문에 복음을 듣지 못하는 사람은 진짜 불행하다. 이 불 못으로 가는 그들에게 어찌 전도하지 않을 수 있겠는가?

한 번 해보기로 마음먹고 모든 성도가 함께 힘을 모아보라. 부득불이라도 하나님의 복음을 전해 보라. 복음 전하는 자에게 주시는 기적 같은 일을 수도 없이 경험하게 될 것이다.

전도를 할 때 가장 먼저 일어나는 가장 큰 하나님의 복은 교회 성장이 아니다. 제일 먼저 전도하는 그 자리에 어마어마한 하나님의 역사가 나타난다. 각 사람들에게 하나님의 축복이 나타난다.

예수님의 피로 구원을 받았는가? 그렇다면 부득불이라도 복음을 전하라. 특히 구역 식구들과 함께 전략적으로 전도하라. 하나님께서는 구역을 통하여 놀라운 일들을 목격하게 하실 것이다.

복된 인생이 되는
공공연한 비밀

너희 안에서 행하시는 이는 하나님이시니
자기의 기쁘신 뜻을 위하여
너희로 소원을 두고 행하게 하시나니
(빌립보서 2:13)

최대 능력의 10배를
목표로 기도하라

 중요한 시험을 하루 앞둔 학생에게 선생님께서 전날 미리 시험문제와 정답을 알려주신다면 얼마나 좋겠는가?

"지금부터 알려주는 문제들은 내일 시험에 꼭 나오는 굉장히 중요한 것이다."

다음날 정말 그 문제가 고스란히 출제되었는데 그것을 맞추지 못하고 틀린다면 선생님을 무시하는 것과 같지 않겠는가?

하나님은 말씀을 통하여 우리에게 이 땅에서 복된 인생으로 살아갈 수 있는 비밀을 아주 공공연하게 알려주셨다. 그런데 어떤 사람에게는 공공연하고 쉬운데 또 다른 사람들에게는 죽었다가 깨어나도 그것을 이해하지 못하니 안타까울 뿐이다.

하나님께서 우리들에게 주신 공공연한 비밀을 다시금 확인함으로 하늘에서도, 땅에서도, 복된 인생이 되길 바란다.

첫 번째 비밀이다.

'목표를 세우고 기도하라!'

무작정 기도하지 말고, 목표를 세우고 기도하라.

스티븐 코비는 다음과 같이 말한다.

"사람이 시계를 몇 개 차고 다니는가 하는 것은 중요하지 않습니다. 그 사람에게 필요한 것은 나침반입니다."

사람은 너무나도 바쁘기 때문에 여기에도 시계를 맞춰놓고, 저기에도 시계를 맞춰놓는다. 여기에서도 시간이 없다고 말하고, 저기 가서도 시간이 없다고 말한다. 아무리 그렇게 바쁘게 살아갈지라도 목표가 정해져 있지 않으면 그 모든 바쁨은 아무런 소용이 없다.

배가 방향을 정해놓지도 않고, 바람 부는 대로 이리 갔다가 저리 갔다 한다면 아무리 바쁘게 움직일지라도 목적지에 도착하지 못할 것이다. 그렇게 바쁘게 살아온 것이 헛되게 될 것이다.

선생님이 학생들을 모아놓고 이야기를 한다.

"저 팔공산에 보물 1억을 숨겨놓았다. 찾는 사람이 그 돈 임자입니다."

선생님의 말이 떨어지기 무섭게 한 무리의 학생들이 정신없이 팔공산을 향하여 달려간다.

많은 학생들이 가고 난 다음에 선생님이 말씀하신다.

"팔공산 중에서도 갓 바위 올라가는 길에 보물을 숨겨놓았습니다."

남아있던 네 학생 가운데 세 명이 황급히 달려간다.

아직도 한 학생은 끝까지 남아 선생님께 주목하여 말씀을 듣는다. 선생님께서는 한 학생에게 이렇게 말한다.

"그 보물은 팔공산, 갓 바위 올라가는 길, 정상에서 20미터 정도 떨어진 곳 소나무 밑에 숨겨 놓았습니다."

마지막 남았던 한 학생은 휘파람 불면서 천천히 올라간다.

그렇다면 정신없이 달려간 한 무리의 학생들, 두 번째로 출발한 세 학생, 마지막으로 출발한 한 학생 가운데 누가 보물을 찾았겠는가? 어디에 있는지 모르고 온 산을 헤매는 사람들이 수천 명이라고 할지라도 보물을 찾기 힘들겠지만, 마지막에 출발하였으나 정확한 목적지를 알고 간 사람이 가장 쉽게 보물을 찾을 수 있을 것이다.

우리들의 기도도 이와 같다. 우리의 기도를 들어주실 하나님을 확실히 믿고, 목표를 세우고, 소망을 가지고, 계획 아래 기도해야 한다.

꿈을
디자인하라

 옛날에 한 사냥꾼이 사냥을 하러 갔다가 사슴을 잡았다. 죽이려고 하는데 잡힌 사슴이 사냥꾼에게 이렇게 말한다.

"제발 살려주십시오. 살려주시기만 한다면 오늘 해가 지기 전에 세 가지 소원을 반드시 들어드리겠습니다."

말하는 사슴이 하도 신기해서 살려주고는 집에 가서 아내에게 자초지종을 이야기했다.

"여보, 오늘 내가 사냥을 나갔다가 말을 하는 사슴을 만났어. 그런데 그 사슴이 자기를 살려주기만 하면 오늘 밤이 되기 전에 세 가지 소원을 들어준다고 하는 거야. 그래서 놔줬어."

부부는 도대체 뭘 소원으로 빌어야 하는가 하는 것이 고민이다. 얼마나 소원이 많은지, 뭐부터 해야 하나 모르겠다.

'돈을 달라고 할까?'

'금을 달라고 할까?'

'이 산골에 대궐 같은 집을 지어달라고 할까?'

'이 나라의 임금이 되게 해달라고 할까?'

고민하다가 점심때를 훌쩍 넘겼다. 몹시 배가 고팠다. 그런데 마침 옆집에서 순대 삶는 냄새가 폴폴 난다. 그 냄새를 맡던 부인이 자기도 모르는 사이에 이렇게 말하고 말았다.

"아이고, 순대나 한번 실컷 먹어봤으면."

그 말이 떨어지기가 무섭게 앞에 순대가 한 상 가득 차려졌다.

그것을 본 남편이 화가 잔뜩 났다.

"아이고 이 여편네야. 어떻게 만든 이 기회인데 여기에다 순대가 뭔 말이고? 이 소원을 순대 먹는 데 사용하다니…. 그렇게 순대가 좋으면 이 순대가 네 입에 턱 붙어버려라."

그렇게 말하자마자 순대가 입에 붙어서는 덜렁덜렁한다.

일이 크게 되었다.

부인이 말한다.

"여보, 금도 좋고, 은도 좋고, 다 좋지만 이래서 어떻게 삽니까? 제발 이것부터 떼어 주세요."

그래서 하는 수 없이 세 번째 소원을 말한다.

"순대야, 거기서 떨어져라."

꿈을 꾸더라도 계획을 세우지 않으면, 기회가 올 때 그 기회를 놓친다. 꿈을 가지고, 소원을 가지고 하나님 앞에 기도해야 기회가 왔을 때 잡을 수 있다. 아무런 꿈도 계획하지 않고, 생각 없이 살아가면 순대 같은 일밖에 생기지 않는다. 때문에 하나님 아버지 앞에 위대한 꿈을 꾸되 구체적으로 계획하며 살아가야 한다.

사도 바울은 13권의 성경을 기록했다. 사도 바울은 점에 불과한 작은 유대나라 사람이었지만 그 안에는 크고 분명한 꿈이 있었다.

"하나님 로마까지 가서 복음을 전하기 원합니다" (행 19:21 참조).

당시 로마는 온 세계를 지배하던 나라이고, 유대는 한 줌도 되지 않는 식민지 국가였다. 그런 나라의 국민인 사도 바울이 감히 로마까지 가서 복음을 전하겠다는 꿈을 꿨다. 언뜻 들으면 얼토당토않지 않는 일 같다. 하지만 사도 바울은 정말로 로마에 가서 복음을 전했고, 325년에 로마 제국이 공식적으로 100% 기독교나라가 됐다.

믿을 수 있는가? 사도 바울은 하나님은 하실 수 있음을 믿었다. 하나님을 기쁘시게 하기 위한 소원을 가지면 이루시는 분은 내가 아니라, 내 능력이 아니라, 내 배경이 아니라, 하나님이심을 믿었다. 그리고 역사 가운데에서 분명하게 그 일이 증명되었다.

"왜 당신은 꿈을 꾸지 않는가?"

"왜 당신은 소원을 가지지 않는가?"

하나님께서 함께 하시겠다고 약속하셨음에도 불구하고 왜 사람들은 하나님의 큰 꿈을 가지지 못할까?

하나님을 믿고 하나님을 알지만 큰 꿈을 갖지 못하는 것은 자기가 볼 때 현실적으로 이루어질 것 같지 않기 때문이다. 그래서 이렇게 말한다.

"목사님 말씀이 다 맞습니다. 그리고 목사님에게는 정말 그렇게 될 것 같습니다. 하지만 제게는 이루어지지 않을 것 같습니다."

"제가 유명한 대학교를 졸업한 것도 아니고, 대기업에 있는 것도 아닙니다. 하루 먹고 살기에 바쁩니다."

많은 사람들이 현실 문제에 발목이 잡혀 꿈을 포기한다. 현실보다 꿈을 크게 봐야 하는데 많은 사람들이 하나님은 작게 보고, 현실은 과장되게 크게 본다. 현실이 사람들을 현혹하고 미혹한다. 착각하게 한다. 많은 사람들이 현실 때문에 꿈꾸지 못한다. 이 모두 믿음이 없기 때문이다.

100억 원을 가진 부모님이 아들을 불러 이야기한다.

"아들아, 내게 100억이 있는데 이 돈을 네게 주고 싶구나. 그런데 이 돈을 그냥 줄 수는 없고 네가 좋은 사업 계획을 세우면 그 때 줄게."

아들이 부인과 함께 의논을 한다.

"아버지께 100억이 있는데 우리가 사업 계획을 잘 세우기만 하면 그 돈을 주신다고 했으니 계획을 세우자."

밤이 새도록 둘이서 머리를 맞대고 계획을 세운다.

드디어 사업 계획을 완성해서 아버지에게로 왔다.

아들에게 묻는다.

"그래, 어떤 계획을 세웠느냐?"

"아버지, 풀빵장사를 하겠습니다."

"그래? 그럼 얼마나 있으면 되겠니?"

"200만 원만 있으면 되겠습니다."

"아들아, 내가 지금 100억을 물려주겠다고 하는데 겨우 200만 원짜리 프로젝트를 가지고 오면 어떻게 하냐? 다시 한 번 계획을 세워봐라."

아버지의 말을 들은 아들은 다시 아내에게로 간다. 그리고 이 두 사람은 또 밤이 새도록 머리를 맞대고 의논을 한다.

다음 날 수정된 계획안을 가지고 아버지께로 온다.

"아버지, 드디어 사업을 확장하는 계획을 가지고 왔습니다."

"그래? 그럼 이번에는 어떤 계획이냐?"

"예, 그 풀빵장사 할 때 옆에서 떡볶이 장사도 함께 하기로 했습니다."

"그렇게 하는데 드는 돈이 모두 얼마냐?"

"한 500만 원이면 다 하고도 남을 것 같습니다."

만일 이런 아들이 있다면 아버지를 아주 우습게 생각하는 것 아닌가? 그런데 이런 하나님의 자녀들이 교회 안에 수두룩 빡빡하게 앉아 있다. 우리 하나님께서는 자신을 기쁘시게 하기 위해서 소원을 세우고, 꿈을 세우고, 목표를 세우기만 하면 우리의 인생 가운데에 반드시 이루어주겠다고 말씀하셨다. 그런데 많은 사람들은 이렇게 말한다.

"하나님, 지금 받는 월급으로 충분히 만족합니다. 이렇게 살다가 그냥 그렇게 하나님 앞에 가겠습니다."

하나님께서 말씀하신다.

"다시 한 번 꿈을 세워봐! 나는 말 한마디로 온 우주를 만들고도 남는 능력 있는 하나님인데 다시 한 번 꿈을 세워봐!"

우리의 꿈은 여전히 없거나 있어도 아주 작다.

"집사님의 꿈은 무엇입니까?"

"네, 우리 가족이 아프지 않고 잘 사는 것입니다."

"가족 가운데 어디 심하게 아픈 사람이 있습니까?"

"아니요."

"자녀 모두 건강한데 고작 자녀들이 건강한 것이 꿈입니까?"

아픈 사람은 건강을 위해 기도해야 마땅하지만 무탈하고 건강한데도 불구하고 여전히 꿈이 건강이라면 하나님은 이렇게 말씀하실 것이다.

"야! 네가 얼마나 존귀한 줄 아나? 너 하나를 구원하기 위해서 나는 하나밖에 없는 아들을 죽이기까지 했어. 그러니 너는 나를 위해서 제발 큰 꿈을 세울 수 없니? 꿈을 세우기만 하면 그 꿈을 내가 이루어주겠다고 하는데 너는 왜 도대체 나를 믿지 못하니?"

전능하신 하나님을 믿는 하나님의 자녀들, 너무나도 위대한 하나님께서 반드시 말씀을 이루실 것을 믿는 하나님의 자녀들은 비록 내게는 아무 것도 없고 아무 것도 소유하지 못했지만 하나님의 모든 기업을 이을 자녀임을 믿기에 말로 다할 수 없는 감격으로 심장이 뛴다. 그것이 정상이다.

정상적인 사람이라면 100억 있는 아버지가 힘껏 밀어줄 터이니 사업을 해보라고 하면 얼마나 가슴이 뛰겠는가? 잠이 오겠는가?

우리에게 구체적인 꿈과 소원이 없다면 하나님께서 마음껏 주시려고 해도 기회를 놓치고 말 것이다.

손님을 접대하기 위해 주부가 시장에 가서 장을 본다. 엄청 싱싱한 닭이 반값에 나왔다. 일단 닭을 두 마리 산다. 얼마 가지 않아 이번에는 아주 질 좋은 국거리용 소고기가 싸게 나왔다. 소고기도 샀다. 그런 식으로 아무런 계획도 없이 장을 봤다.

많은 돈을 들여서 한참 동안 힘들게 장을 보고 집에 돌아왔는데 막상 음식을 준비하려고 하니 뭘 해야 할지 모르겠다. 이것을 하자니 저것이 부족하고, 저것을 하자니 또 이것이 모자란다. 닭계장을 끓이려고 하니까 닭 말고는 사온 것이 없어서 할 수 없다. 소고기국을 끓이려고 하니까 콩나물도 없고 재료가 부족해서 어렵다. 사기는 엄청 많이 샀지만, 상에 놓을 음식을 준비할 수가 없다.

손님상을 차릴 장을 볼 때에도 대접할 메뉴부터 먼저 정하고 계획을 세우지 않는가?

우리들의 하루하루도 마찬가지다. 시장 하나 보는 것도 목표를 정하고 물건을 준비한다면, 수십 년 인생길에는 반드시 목표가 있어야 하는 것 아닌가?

'이것만큼은 반드시 이루어서 하나님 앞에 영광을 돌리고 존귀한 인생을 살아야 하겠다.'

분명하게 목표를 정하고, 그 목표 아래 기도하며 살아갈 때 능력 있는 삶을 살 수 있다.

하나님의 능력을 믿는 사람은 목표를 세울 때에도 하나님과 이웃을 위하여 크고 분명한 목표를 정한다. 또 하나님께서는 그런 자의 기도를 이루어 주시는데 그 사람의 생각보다 훨씬 더 놀랍게 이루어주신다.

어떤 인생을 살아가고 있는가?

인생의 큰 목표를 정했는가?

5년 뒤 인생의 목표가 무엇인가?

나는 젊은 성도들을 만날 때마다 물어본다.

"당신의 목표가 무엇입니까? 적어보십시오."

3년, 5년, 10년… 인생의 분명한 목표를 세우고, 그 목표를 이루기 위하여 기도하고 최선을 다한 사람들은 세상에서 성공하고 복된 인생이 될 뿐만 아니라, 하나님의 교회에서도 존귀하고 영향력 있는 사람이 될 것이다.

반면 아무런 목표도 세우지 아니하고 무계획으로 살아가는 사람들이라면 그들의 5년 뒤 인생은 더 이상 생각할 필요조차 없다.

많은 목회자들에게 귀감이 되고 본이 되는 선배 목사님이 한 분 계셨다.

'이렇게 귀한 목사님과 함께 밥도 먹고 생활도 하면서 귀한 가르침을 배워보자.'

이런 기대를 가지고 동기 몇 명이 부탁을 드려서 2박 3일 동안 같이 잠도 자고, 밥도 먹고, 등산도 하고, 새벽예배도 드리면서 함께 생활한 적이 있다.

일정이 모두 마칠 즈음 목사님께 여쭈어 보았다.

"목사님, 목사님의 목회 여정 가운데 가장 아쉬운 점이 있다면 무엇입니까?"

"다시 목회를 하신다면 어떻게 하고 싶으십니까?"

목사님께서는 조금도 주저하지 않고 말씀하신다.

"내가 지내놓고 보니까 하나님은 그 사람의 꿈대로 역사하십니다. 그런데 내가 왜 꿈을 이것밖에 갖지 못했는지 안타깝습니다."

당시 교단 내에서 가장 큰 교회로 손꼽히는, 누가 보더라도 대단한 목사님이셨다. 사실 목사님 자신도 그것만으로 하나님께 감사하다고 말씀하셨다. 그런데 지나고 나니까 내가 왜 이것만으로 만족했는지 아쉽다고 하신다. 목사님께서 10배의 계획을 세웠다면 하나님께서는 10배로 축복하셨을 것인데 그것이 안타깝다고 하신다.

하나님은 우리 인생에서 꿈대로 역사하신다.

하나님께서는 그리스도인들이 한 번뿐인 일생을 하나님 아버지께 영광 돌리며 보람 있게 살기를 원하신다. 그래서 사도 바울을 통하여 이 크고 놀라운 비밀을 친히 가르쳐 주셨다.

"너희 안에서 행하시는 이는 하나님이시니 자기의 기쁘신 뜻을 위하여 너희로 소원을 두고 행하게 하시나니" (빌 2:13)

인생을 만드시고, 성취하시고, 모든 일을 행하시는 하나님께서 하나님을 기쁘시게 하기 위해 소원을 두는 자들을 통하여 그것을 행하시겠다고, 이루어 주시겠다고 말씀하신다. 즉, 하나님을 기쁘시게 하고자 하는 꿈을 가지고 있으면 그것을 이루어 주시겠다고 분명히 말씀하셨으니 얼마나 쉬운가?

그렇다면 도대체 얼마나 큰 꿈을 가져야 하는가?

불신자들과는 달리 하나님을 믿는 그리스도인이라면 다음과 같이 목표를 세워야 한다.

내가 최선을 다하여 열심히 살고, 주변 사람들이 모두 나를 도와준다고 가정할 때 도달할 수 있는 수준, 내가 최선을 다하여 살았을 때 이 정도는 할 수 있다고 판단되는 그 수준의 10배로 목표를 세워라. 그것이 최소한의 목표이다.

자녀에 대한 희망도 그 자녀가 이룰 수 있을 것 같은 능력의 10배의 목표를 세워라. 사업도 마찬가지다. 내 능력의 10배 이상의 목표를 세워라. 일단 목표를 그렇게 세우고 하나님 아버지 앞에 기도하라.

어떤 환경에 처할지라도 절대로 목표 자체를 낮추어서는 안 된다. 목표를 낮추지 말고, 하나님 앞에 기도하라.

기도하면서 두 가지의 질문을 던져 보라.

"왜 안 될까?"

"어떻게 하면 될까?"

이 두 가지 질문 앞에 모든 해답이 담겨 있다.

이 부분이 굉장히 중요하다.
'왜 내가 사랑받지 못할까?'
'왜 내가 왕따를 당할까?'
'왜 우리 남편은 저럴까?'
'왜 우리 식당은 안 될까?'
'왜 우리 아이들은 말을 잘 듣지 않을까?'
'왜 우리교회는 부흥하지 못할까?'
이 두 가지의 질문을 가지고 하나님 앞에 기도해 보라.
분명 이유가 있다. 기도하는 가운데 그 이유를 찾으라.
만약 우리 식당을 두고 질문을 했다고 치자.
'맛이 없다, 불친절하다, 파리가 많다.'
이런 이유가 나왔다면 그 다음에는 이렇게 물으며 기도하라.
"하나님 어떻게 해볼까요?"
불친절하면 친절하면 되고, 위생이 불결했다면 청결하게 하고, 파리가 많으면 잡아야 되고… 방법을 찾아서 실천하고 기도할 때 실제적인 기도가 된다.
'어떻게 하면 우리교회가 부흥할 수 있을까?'
기도하다가 아이디어가 떠오르면 또 온 성도들이 하나가 되어서 집중하여 실천할 때 배가부흥은 6개월 만에 가능하다.
초대 교회에 12명, 70명, 120명의 성도들이 모여서 기도했는데, 50일도 되지 않아서 3000명씩 5000명씩 들어왔다면 오늘이라고 불가능하겠는가? 얼마든지 가능하다. 마음을 하나로 모으면 하나님의 역사는 지금도 나타난다.

  나는 제자훈련을 하면서 실제로 성도들의 삶 가운데 이렇게 역사하시는 하나님의 행하심을 보았기 때문에 자신 있게 말할 수 있다. 스스로 생각했을 때 내 인생 가운데 나의 능력과, 나의 배경과, 나의 모든 것들을 통틀어서 이룰 수 있는, 최고를 합한 것에서 10배의 꿈을 꾸고 목표로 삼아라. 그것이 하나님께서 우리에게 주시고자 하는 복의 최소한이다.

  1980년 친구들과 함께 수영로 교회에서 드려지는 화요철야예배를 참석했다. 그 때 수영로 교회는 400명 정도밖에 모이지 않았다. 당시 그것만으로도 급성장하는 교회에 속하였다. 그런데 예배시간에 담임목사님께서 3000명을 달라는 엄청난 꿈과 비전을 가지고 설교를 하셨다. 그 때 이렇게 생각했다.

  '부산에서 과연 그런 일이 가능할까?'

  지금의 수영로 교회는 그 때 목사님의 설교하신 꿈보다 훨씬 더 놀랍게 성장하여 3만 명이 모이는 교회가 되었다.

  남들은 이렇게 바라봤다.

  '그 꿈이 이루어지겠나?'

  지금은 최선의 10배가 이루어지는 것이 불가능한 꿈처럼 보인다. 하지만 정작 이루어 주시고 나면 이렇게 바뀐다.

  '아이고, 그렇게만 되었으면 어떻게 될 뻔 했겠는가?'

  '아이고, 하나님이 딱 그만큼만 해주셨더라면 어떻게 할 뻔했지?'

이것이 하나님을 향하여 넓게 꿈을 꾸고, 삶의 목표를 세운 사람들의 고백이다.

교인들 가운데 자가용이 있는 사람이 두 가정이었을 때, 우리교회는 주차공간이 없었다. 그래서 이렇게 기도했다.

"하나님 다섯 대 주차할 수 있는 공간만 있었으면 좋겠습니다."

25평 정도 되는 자그마한 파밭에 덤프트럭으로 흙을 붓고 다져서 주차장을 만들었다. 그 자리에 성도들 차 두 대를 대고, 교회 승합차를 그 옆에 주차했다. 그 모습을 바라보는데 얼마나 가슴 뿌듯한지 모른다.

'다섯 대나 주차할 수 있다니…'

그런데 지금은 5000평의 대지에 수백 대를 주차할 수 있게 되었는데도 주차공간이 좁게 느껴진다. 그러니 하나님이 딱 그 만큼의 기도에만 응답해 주셨다면 어떻게 되었을까?

"주님, 열 대만 주차할 수 있는 공간을 주십시오."

만일 그렇게 되었다면 어떻게 될 뻔 했는가?

우리가 아무리 자신의 한계를 뛰어넘는 위대한 꿈을 꾼다고 할지라도 하나님이 보실 때에는 아무 것도 아니다. 하나님께서는 능력이 있으시다. 능력 무한하신 하나님께서 꿈을 가지고 구하라고 말씀하셨다. 하나님을 기쁘게 하는 꿈을 가지고 구하면 반드시 이루어 주신다고 약속하셨다.

성경을 보라. 정말 꿈꾸는 대로 되었다.

삭개오는 키가 작았다. 하지만 예수님을 만나겠다는 꿈을 가지고 그 곳에 갔다. 막상 갔지만 사람들이 모두 키가 크고 자신은 키가 작아 도무지 만날 길이 없었다. 현실의 장벽이 가로막아 도무지 불가능해 보인다. 소극적으로 대처하는 방법은 까치발을 드는 정도일 것이다.

그 때 삭개오가 어떻게 했는가? 아예 뽕나무 위로 올라가기로 결정한다. 뽕나무 위로 올라가니까 삭개오보다 큰 사람은 한 사람도 없었다. 작은 꿈을 꾸면 불가능하다. 하지만 큰 꿈을 갖게 되면 반드시 생각의 혁신이 일어난다. 큰 꿈을 꿀 때 하나님께서 그 꿈에 맞는 지혜를 주신다.

두려워하거나, 염려하거나, 겁내지 말고 하나님을 위한 꿈을 꾸라. 반드시 하나님께서 이루어 주실 것이다. 일을 행하시는 하나님께서는 성도들의 마음속에 있는 꿈과 소원을 보시고 이루어 주신다. 내 마음 가운데 하나님을 기쁘시게 할 소원이 있다면 하나님이 이루신다. 하지만 마음에 하나님을 기쁘시게 하는 소원이 없는 자라면 하나님이실지라도 이루실 수가 없다.

하나님을 기쁘시게 하고자 하는 믿음의 씨앗이 내 마음에 떨어져 있어야 싹이 나고, 꽃이 피고, 열매가 맺는다. 그것이 없으면 아무 것도 아니다.

내 마음에 하나님을 기쁘시게 하는 소원이 있는가?

한 번뿐인 일생 동안 반드시 이루고자 하는 소원이 있는가?

하나님께서 그 소원을 틀림없이 이루실 것이라고 하는 믿음이 있는가?

최소한 자신의 능력의 한계보다 10배 큰 꿈을 꾸고 있는가?

우리 마음에 꿈을 가질 때 반드시 하나님께서 그 꿈을 이루어 주신다. 세월이 지나보면 꿈을 간직한 사람들은 반드시 하나님께서 이루심을 경험할 것이다. 이것은 공공연한 비밀이다.

중학교 3학년 때부터 시간만 나면 무척산 기도원에 기도하러 갔다. 그때, 내 외모는 참 보잘 것 없었다. 가정형편도 어려워서 기도원에 가는 사람들의 짐을 져주었다. 쌀 반가마니를 산꼭대기까지 지게로 져다주고는 3천원을 받아야 겨우 생활이 되는 무척 가난한 자였다.

서른 살이 채 되기 전에도 남들은 나의 외모만 보고 50세가 넘은 줄 알았다. 20살 때 신학대학에 입학하자마자 잘 아는 목사님을 찾아뵙기 위해서 합천 성산교회에 간 적이 있다. 그 분은 나보다 25세가 더 많았다. 이 목사님이 내게 새벽기도 설교를 한 번 하라고 하셨다. 그런데 새벽기도 설교를 마친 후 아침에 할머니 두 분이 이런 저런 것을 싸가지고 오셨다.

"아이고, 목사님! 목사님 친구 분이 오셨는데, 이것 좀 드십시오."

그런 오해를 받은 적이 한두 번이 아니다. 심지어 우리 교인들은 처음 왔을 때보다 지금이 훨씬 더 젊어졌다고 말할 정도이다.

인간적인 눈으로는 한없이 볼 품 없는 초라한 자였지만, 무척산에 올라가서 지는 노을을 바라보며 하늘 향해 두 손을 올리고 간절히 기도했다.

"하나님, 우리 집에는 믿는 사람도 없고, 도와줄 사람도 없고,

아버지도 계시지 않고, 논 두마지기조차 없이 가난합니다. 인문계 고등학교를 다니지도 못했습니다. 그렇다고 공부를 잘해서 장학금을 받아 본 적도 없습니다. 제게는 아무런 희망도 보이지 않습니다. 하지만 제 안에는 희망 되시는 하나님이 계십니다. 하나님이 저를 불쌍하게 여겨주시면 저는 살 수가 있습니다. 하나님, 세상에 지혜로운 자는 참으로 많습니다. 하지만 저 같은 사람을 들어서 사용하신다면 하나님께서 영광을 받으실 수가 있습니다. 그러니 그렇게 되게 해 주십시오."

산 위는 마을보다 훨씬 더 춥다. 영하 10도일 때에도 바위 위에 침낭을 깔아놓고 하늘을 바라보며 기도했다. 때로는 밤새 기도하다가 잠이 들기도 했다. 하루는 자다가 눈을 떠서 하늘을 바라보니 별이 총총 떠 있었다. 그 별을 바라보노라니 얼마나 감사한지 몰랐다. 자연에서 나는 온갖 소리를 들으면서 이렇게 고백했다.

"하나님은 전능하십니다. 말씀 한마디로 온 세상을 만드셨습니다. 나의 기도를 들어 주십시오."

오늘날 뒤돌아보면 하나님은 나의 상상을 뛰어넘어 복을 주셨다.

야베스의 기도가 나의 기도가 되었고, 야베스가 받은 복이 나의 복이 되었다.

누구든지 소원을 가지고 기도하면 하나님은 반드시 이루어 주신다.

내 자신을 바라보지 말고, 하나님을 바라볼 때 큰 꿈을 소유할 수 있다. 그 꿈을 가지고 하나님 아버지 앞에 기도할 때 하나님은 반드시 이루어 주신다.

왜 하나님을 믿음에도 불구하고 사람들이 위대한 꿈을 꾸지 않고 살아가는가? 현실만 보기 때문 아닌가? 현실이나 상황을 바라보면서 믿음을 빼앗겨 버렸기 때문에 가슴속에 있어야 할 꿈조차 식어버린 것이 아닌가?

현실 때문에 낙심하거나, 실망하거나, 포기하지 마라. 꿈을 이룰 수 있는 방편은 오직 기도뿐이다. 하나님 아버지 앞에 기도하면 아무리 현실이 어렵다고 하더라도 하나님께서 능히 이루신다.

근래에 우리나라에서 크고 작은 도시들 가운데 가장 많이 성장한 교단이 어디인지 아는가? 순복음교회다. 전국을 다니며 집회를 하다 보면 순복음교회의 교세가 대체로 크다. 왜 그런지 아는가? 조용기 목사님이라는 모델이 있기 때문이다.

'우리도 저 정도 할 수 있겠구나.'

그들은 하나님 앞에 큰 꿈을 가지고 계획을 세우고, 또 그 계획을 놓고 기도한다. 때문에 하나님께서 꿈대로 이루어 주신다.

사도 바울은 빌립보서 2장 13절과 14절에서 다음과 같이 말씀하셨다.

"너희 안에서 행하시는 이는 하나님이시니 자기의 기쁘신 뜻을 위하여 너희로 소원을 두고 행하게 하시나니 모든 일을 원망과 시비가 없이 하라"

고린도전서 1장을 보면 하나님께서는 약한 자, 멸시 받는 자, 천대받는 자를 택하셔서 세상의 지혜로운 자들을 부끄럽게 하신다고 말씀하셨다. 하나님은 이런 일들을 통하여서 영광 받으시기를 기뻐하신다.

> "그러나 하나님께서 세상의 미련한 것들을 택하사 지혜 있는 자들을 부끄럽게 하려 하시고 세상의 약한 것들을 택하사 강한 것들을 부끄럽게 하려 하시며 하나님께서 세상의 천한 것들과 멸시 받는 것들과 없는 것들을 택하사 있는 것들을 폐하려 하시나니 이는 아무 육체도 하나님 앞에서 자랑하지 못하게 하려 하심이라 너희는 하나님으로부터 나서 그리스도 예수 안에 있고 예수는 하나님으로부터 나와서 우리에게 지혜와 의로움과 거룩함과 구원함이 되셨으니 기록된바 자랑하는 자는 주 안에서 자랑하라 함과 같게 하려 함이라" (고전 1:27-31)

소원이 있는가?
꿈을 가지고 살아가는가?
소원이 없다면, 꿈이 없다면 10년을 산들, 100년을 산들 이미 죽은 사람과 같다. 심장이 멎으면 시체로 처리한다. 꿈이 없는 사람은 이미 죽은 사람이다.

> "우리가 이 소망을 가지고 있는 것은 영혼의 닻 같아서…" (히 6:19)

하나님을 향한 소망이 우리 영혼의 닻이라고 말씀하신다. 배에는 반드시 닻이 있어야 한다. 닻이 없으면 바람이 불면 넘어지고,

태풍이 불면 좌초당하고 만다.
 그렇다면 인생의 닻, 영혼의 닻은 무엇인가?
 소망이다.
 희망이다.
 그 사람 속에 있는 목표와 소망과 희망이 인생의 닻이다. 배에 반드시 닻이 필요한 것처럼 사람에게도 반드시 소망과 희망이 있어야 된다.
 때문에 사람은 반드시 목표를 세워야 한다.
 기도와 인생의 목표는 항상 같이 간다. 하나님을 믿는 사람은 하나님을 신뢰하기 때문에 반드시 기도할 수밖에 없다. 하나님의 능력을 믿는 사람은 아무리 목표를 세우지 말라고 해도 크고 분명한 목표를 세울 수밖에 없다. 우리들이 하나님 앞에 선하신 목표를 세우고, 기도하고 나아갈 때 하나님께서는 반드시 이루어 주시기 때문이다.

 분명한 목표를 가지고 기도하라.
 혹 구원받지 못한 가족이 있다면 잊지 말고 가족 구원을 목표로 기도하라.
 부산에서 살다가 부도를 당하여 힘든 형편이 되어 이사를 온 한 성도가 나를 찾아와 매우 분노하며 말한다.
 "목사님, 정말 억울해 죽겠습니다. 우리 남편이 해병대를 나왔는데 생긴 것도 얼마나 험악한지 모릅니다. 누가 하라고 한 것도 아닌데 자기가 자발적으로 보증을 서 주어서 다 말아먹고 왔습니다. 마음 같아서는 정말 죽여 버리고 싶습니다."

"그래도 남편을 전도해야 하지 않습니까?"

"이 사람은 10년이 지나도 예수님을 믿을 것 같지 않습니다."

"우리교회는 아내가 믿으면 남편들이 2-3개월 만에 예수를 믿게 된다는 소문을 들었습니까?"

"아무리 그래도 저희 남편은 되지 않을 겁니다."

"무슨 소리입니까? 생각을 바꾸십시오. 하나님을 믿는 사람이 안 된다고 하고 못한다고 말하면 되겠습니까? 이런 말들은 마귀의 영향을 받은 것입니다. 하나님의 영을 받은 사람들은 그렇지 않습니다. 바울은 하나님의 나라에는 오직 '예'만 있고 '아니라' 함이 없다고 말합니다(고후 1:18-20 참조). 우리가 '예' 하고 '아멘' 할 때 하나님께서 영광 받으십니다. 집사님의 신앙생활 가운데 남편이 싫어하는 것이 무엇입니까? 혹시 집사님이 새벽기도에 나오는 것을 남편이 좋아합니까?"

"부인이 새벽기도 나가는 것을 좋아하는 남편이 어디 있습니까? 그래도 제가 꾸준히 빠지지 않고 새벽기도를 나갔더니 이제 말리지는 않습니다."

"남편이 싫어한다면 내일부터는 새벽기도에 나오지 마십시오."

동그랗게 된 눈으로 반문한다.

"아니, 새벽기도를 나오지 말라는 목사님이 어디 있습니까?"

"새벽기도를 오셔서 집사님이 기도하시는 제목이 뭡니까?"

"교회를 옮긴 지 얼마 되지 않아 교회를 위한 기도는 잘 모르겠고, 우리 아이들을 위해서 기도하고 남편 구원과 사업을 위해서 기도합니다."

"남편이 싫어한다면서요? 내일부터는 새벽기도 오지 말고 남편과 함께 주무십시오. 생각해 보십시오. 제가 만일 불신자라면 저라도 부인이 새벽만 되면 옷 갈아입고 교회 간다고 나서면 좋지 않을 것 같습니다. 그러니 새벽기도 오지 말고 대신에 성심성의껏 남편 출근을 도와주십시오. 그리고 남편이 출근한 다음에 교회에 와서 기도하십시오. 혹시 남편이 왜 새벽기도를 가지 않느냐고 물으면 '우리 목사님이 남편을 하나님처럼 섬겨야 하니까 남편이 싫어하는 것은 절대로 하지 말라고 했어요.'라고 말하십시오. 그리고 제가 보니까 집사님 마음에는 증오가 가득 차 있습니다. 이렇게 증오심으로 살아간다면 10년이 지나도 고생만 하고 남편은 도무지 변하지 않을 것입니다. 그러니 10년 고생할 것을 딱 6개월만 고생하기로 작정하십시오. 그렇게 못하겠으면 병원에서 간병인으로 일한다고 생각하세요. 월급 받고 간병한다고 생각해 보세요. 간병인들은 적은 돈을 받고서도 모르는 사람 배설물까지 받아내는데 못할 것이 뭐가 있겠습니까? 남편을 간병한다고 생각하고 하나님처럼 섬기십시오. 집에 오면 발도 씻어주고, 안마도 해주면서 고생했다고 격려하십시오. 그리고 날마다 노트에 남편에게 어떻게 했는지 적어서 가지고 오십시오. 그렇게 하실 수 있겠습니까?"

"한번 해보겠습니다."

그렇게 한 후 얼마 만에 남편이 교회에 나왔는지 아는가? 10년이 되어도 나오지 않을 것 같던 남편이 한 달 만에 교회로 나왔다. 예수 믿은 지 일 년 만에 구역장이 되었는데 얼마나 구역을 잘 이끄는지 모른다.

아내의 변화된 모습을 보고 교회 나온 남편이 한 달, 두 달 지나면서 은혜를 받는다. 그렇지 않아도 화끈한 남편이 이제는 아내와 같이 새벽기도를 드리러 나온다.

가족 구원을 목표로 세우고 기도하며 지혜롭게 행동할 때, 하나님께서 그 일을 이루신다.

한번은 집사님이 이런 고백을 한다.

"목사님 사실은 제가 예전에 아이들에게 '너희들은 아버지 닮지 말라'고 했어요. 그런데 자꾸만 그 일이 마음에 걸립니다. 그래서 이 일을 놓고 하나님 앞에 회개 기도도 했는데 여전히 마음이 무겁습니다."

"그런 기도 제목은 하나님 앞에서는 30분만 기도하고, 나머지 30분은 남편에게 가서 진심으로 사과하십시오. '여보, 미안해요. 아이들에게 당신 닮지 말라고 한 것 정말 미안해요. 잘못했어요.' 이렇게 남편에게 가서 말하십시오."

"목사님, 그건 정말 못하겠습니다."

"왜 못합니까? 한 시간 기도하는 것이 쉽습니까, 아니면 남편에게 가서 자기 잘못을 10분 동안 고백하는 것이 쉽습니까?"

기도는 해도 남편 앞에서 사과는 못하겠단다. 많은 사람들이 하나님께는 1시간, 2시간도 회개 기도하면서 정작 사람에게 가서는 왜 사과하지 못하는지 모르겠다. 모순 아닌가? 많은 사람들이 하나님에게는 모든 것을 아뢰면서, 사람들에게는 말하지 못하겠다고 한다. 하나님께 기도하는 것은 쉽지만, 사람에게 말하는 것은 어렵다고 생각한다. 왜 그런지 아는가? 기도할 때에는 하나님을 의식하지 않고 아무런 생각 없이 내쏟기 때문이다. 인격적으로 기도하지 않기 때문이다. 때문에 내 마음대로 공수표 날리고, 헛소리를 해도 양심에 조금의 가책도 느끼지 않는다. 하지만 남편 앞은 인격이기 때문에 어려운 것이다.

남편에게 미안하다고 말한 후 똑같은 잘못을 반복하면 남편이 뭐라 하겠는가?

"당신 어제도 나한테 잘못했다고 말하더니, 오늘 또 같은 것 가지고 잘못했다고 말하네."

남편에게는 인격으로 해야 하기 때문에 사과하는 것이 어렵다.

하나님의 백성들을 보라. 하나님 앞에 나와서 기도는 얼마나 잘하는가? 사랑하게 해달라고, 용서하게 해달라고, 청산유수다. 하나님께서는 이처럼 인격이 실리지 않은 기도를 참 많이 들으셨다. 주문 외듯 하는 기도를 얼마나 많이 들으셨는지 그러한 기도에는 눈도 깜짝하지 않으신다.

그러나 세리가 성전에 올라가서 감히 하늘을 우러러 바라보지도 못하고 가슴만 치면서 하는 기도는 다르게 반응하신다.

"아버지, 나는 죄인입니다."

하나님은 인격적인 기도를 들으신다.

많은 그리스도인들이 인격으로 기도하지 않기 때문에 기도하고 이내 곧 부도를 낸다.

분명한 목표를 세우고 기도하되 반드시 인격적으로 기도하라.

분명한 목표를 세우고 인격적으로 기도하는 자는 반드시 그 삶이 성실하다. 우리교회 성도님들에게 남들보다 10분에서 20분 먼저 출근하라고 권한다. 사실 10분 빨리 출근하는 것이 쉬운 일은 아니다. 정말 힘든 일이다. 하지만 남들보다 먼저 출근해서 말끔히 청소를 하고 상황이 된다면 커피나 녹차를 준비해서 다른 동료들에게 서비스를 하라. 그리고 5분 정도 남겨 놓고는 성경말씀을 한 두 장 읽어라.

퇴근할 때도 마찬가지이다. 남들이 우르르 퇴근할 때 나가지 않고 10분 정도 자리에 앉아서 차분히 정리를 하라. 그리고는 성경말씀 한 장 읽고 잠시 기도한 후 퇴근하라.

그렇게 하면 석 달이 지나기도 전에 회사 동료들의 눈에 다르게 보인다. 사장님의 눈에도 대단한 사람으로 보인다. 회사에 구조조정을 해야 할지라도 그런 사람들은 안전하다. 혹시 승진의 기회가 있으면 그 사람이 1순위로 오르게 된다.

어떤 환경에 처할지라도 절대로 목표를 낮추지 마라. 선하신 하나님을 믿고 원대한 목표를 세워라. 이 땅에 태어난 우리는 영원히 산다. 이 세상에서 사는 짧은 시간은 한 점 경점에 불과하지만, 여기에서 하나님께 헌신한 것을 가지고 영원한 곳에서 상급을 받고 살아갈 것이다. 이 땅에서 실패하고 나면 회복할 길이 없기 때문에 이 땅에서의 삶은 너무너무 중요하다.

하나님 앞에 가면 더 이상 기도할 필요가 없다.

하나님 앞에 가면 더 이상 하나님을 위해서 할 일이 없다.

하나님 앞에 가면 더 이상 수고하고 헌신할 것이 없다.

하나님 앞에 가면 더 이상 예수님을 믿느라고 어려움을 당하지 않는다. 이 땅이 아니면 예수 믿는다고 핍박을 당하고 싶어도 당할 수가 없다. 어려움 가운데에서 하나님께 헌신하는 것도 이 세상에서만 할 수 있는 일이다.

병들고 가난할 때에도 이렇게 고백하라.

'나는 가난하지만 하나님을 믿습니다.'

'나는 병이 들었어도 하나님을 믿기 때문에 감사합니다.'

하나님의 이름을 나타낼 수 있는 기회가 지금 이 땅밖에 없음을 반드시 기억하라. 이 땅의 삶은 짧기 때문에 어떤 위치에 있든지 '내가 하나님을 영화롭게 해야지.' '내가 하나님을 기쁘시게 해야지.' 하는 마음으로 살아야 한다. 그런 마음으로 기도할 때 즉각적으로 응답된다.

하나님의 크기에 맞는 큰 꿈을 목표로 세우고 그 꿈을 이루시는 하나님을 경험하므로 하나님께 영광을 돌리고, 또 하나님께 영광을 돌리는 자가 받아 누리는 축복과 은혜를 함께 받아 누리기 바란다.

넓게 입을 열어
기도하라

"나는 너를 애굽 땅에서 인도하여 낸 여호와 네 하나님이니 네 입을 크게 열라 내가 채우리라 하였으나" (시 81:10)

이 땅에서 복된 인생을 살아가는 두 번째 공공연한 비밀은 넓게 입을 열어 기도하는 자에게 반드시 응답하신다는 것이다.

하나님의 말씀을 어느 정도 믿어야 하는가?

어리석다 여겨질 만큼 문자 그대로 믿어라. 믿을 때 하나님의 역사가 이뤄진다.

왜 그렇게 해야 하는가?

하나님의 말씀은 단 하나도 빠짐없이 언약이기 때문이다.

구약은 옛 언약이고 신약은 새 언약인데, 하나님이 주신 이 언약은 땅을 산 후 공증을 세우고 도장을 찍는 것보다 더욱 확실하다.

더욱 감사한 일은 이 하나님의 언약은 '나'의 자질과는 무관하다는 사실이다. 내 능력과는 아무런 상관없이 도장을 찍기만 하면 효력이 발휘된다. 즉, 하나님의 말씀을 나의 말씀으로 받아들이고, '나도 하나님을 기쁘시게 해야지' 하는 꿈을 가지고 기도하며 나가면 그 다음은 하나님께서 책임져 주신다.

'내가 하나님을 위한 꿈을 가지면 하나님께서 그 꿈을 이루신다.'

하나님의 이 엄청난 약속을 믿으면 잠을 자다가도 벌떡 일어날 만큼 가슴이 두근거리고 벅차올라야 마땅하다. 그런데 오늘 우리들의 가슴에 손을 대보라. 가슴이 식어있고 도무지 뛰지 않는다. 마치 죽은 자와 같다.

사람이 죽었을 때 확실한 원인이 드러나지 않으면 그 사인(死因)은 거의가 다 '심장마비'다. 더 이상 심장이 뛰지 않으면 죽은 자이다. 즉, 마음에 꿈과 열정이 없으면, 심장이 뛰지 않으면, 그는 이미 영적으로 죽은 자이다. 그가 몇 살이든지, 무슨 일을 하든지, 성공했든지, 실패했든지, 그의 위치가 어떠하든지, 다른 사람들이 뭐라고 하든지, 상관없이 그는 이미 죽은 자에 불과하다.

어떻게 해야 놀라운 하나님의 언약을 이루는 인생이 될 수 있는가?

'나는 너를 애굽 땅에서 인도하여 낸 여호와 네 하나님이니 네 입을 크게 열라 내가 채우리라 하였으나 내 백성이 내 소리를 듣지 아니하며 이스라엘이 나를 원하지 아니하였도다 그러므로 내가 그의 마음을 완악한 대로 버려 두어 그의 임의대로 행하게 하였도다 내 백성아 내 말을 들으라 이스라엘아 내 도를 따르라 그리하면 내가 속히 그들의 원수를 누르고 내 손을 돌려 그들의 대적들을 치리니 여호와를 미워하는 자는 그에게 복종하는 체할지라도 그들의 시대는 영원히 계속되리라 또 내가 기름진 밀을 그들에게 먹이며 반석에서 나오는 꿀로 너를 만족하게 하리라 하셨도다"(시 81:10-16)

나는 너를 애굽 땅에서 인도하여 낸 너희 하나님 여호와이니 너희는 입을 넓게 열라고 말씀하신다. 그러면 하나님이 우리 입을 채우신다.

하나님이 이렇게 말씀하셨음에도 불구하고 이스라엘 백성들은 말을 듣지 않았다.

아브라함이나, 이삭이나, 야곱이나, 요셉이나, 모세나, 다윗 등 모든 하나님의 백성들은 어떤 위기를 만났을지라도 기도했고, 기도를 통하여 세상을 바꾸었다. 기도를 통하여 하나님의 살아계심을 증거했다. 이것이 예수님을 믿는 사람들에게 공개된 하나님의 비밀이다.

인생 가운데 문제를 만나면 어떻게 하라고 하나님께서 미리 답을 가르쳐 주셨는데도, 어려움에 처했을 때 기도하지 않아서 엄청난 은혜와 축복을 잃어버리고 살아가는 크리스천들이 얼마나 많은가?

하나님의 애원

 하나님께서는 기도에 대하여 다음과 같이 말씀하셨다.

"나는 너를 애굽 땅에서 인도하여 낸 여호와 네 하나님이니" (시 81:10)

하나님은 우리에게 입을 넓게 열라고 하시기 전에 자신에 대하여 소개하셨다. 그냥 말씀하시면 되는데 왜 구태여 하나님께서 먼저 자신에 대하여 소개하셨겠는가?

"일을 행하시는 여호와, 그것을 만들며 성취하시는 여호와, 그의 이름을 여호와라 하는 이가 이와 같이 이르시도다 너는 내게 부르짖으라 내가 네게 응답하겠고 네가 알지 못하는 크고 은밀한 일을 네게 보이리라" (예레미야 33:2, 3)

'나는 일을 성취하는 여호와라.' 말씀하신 후 '내게 부르짖으라'고 하신다. 말씀으로 우주 만물을 만드신 하나님이시기에 하나님의 말씀에는 능력이 있다. 그래서 그냥 기도하라고 말씀하셔도 그대로 된다. 하지만, 하나님은 우리의 믿음 없음을 아시고, 먼저 하나님 자신에 대하여 소개하셨다.

"내가 누구인지 아느냐? 나는 수백만 명의 이스라엘 백성들을 애굽에서 인도하여 낸 하나님이야. 신무기나 핵무기나 수소폭탄이 아니라, 모세의 지팡이 하나만 가지고 그 일을 해낸 하나님이야. 또 아무것도 아닌 이나 독종이나 티끌이나 개구리나 우박과 같은 것들을 가지고 세계 최강의 바로를 굴복시킨 내가 아니냐? 내게는 그런 능력이 있어! 나는 너희 조상들을 무기 하나 없이 바로의 압제에서 이끌어냈던 능력이 있는 자야! 이런 능력을 가진 내가 너희들에게 말하는데 너희는 나를 좀 믿고 입을 넓게 열어라. 일을 만들고 성취하는 나 아니니? 그러니 제발 네가 나한테 부르짖고 입을 열면 내가 채워줄게. 내가 응답할게. 뿐만 아니라 네가 알지도 못했던 크고 은밀하고 비밀한 것까지도 모두 보여줄게."

자기의 이름을 걸고, 자신이 행한 능력에 보증을 걸고 과거의 역사를 끌어내면서 자신은 이처럼 능력이 있는 하나님이니 제발 좀 내게 구하라고 말씀하신다. 그저 조금 구하지 말고, 입을 넓게 열라고 하신다.

"무한한 능력을 가지신 하나님께 기도하면 반드시 응답하십니다." 라고 말하며 하나님께 간구하라고 하면 많은 사람들이 입술로는

'아멘'이라고 답한다. 그런데 말로만 '아멘.'이라고 하면 뭣 하는가? 하나님을 믿는다고 하면서도 정말로 하나님을 믿지 않기 때문에, 정말로 기도의 힘을 믿지 않기 때문에, 도무지 기도하지 않는다. 마치 이스라엘 백성처럼 말이다.

하루에 몇 분이나 기도하는가?

학생들은 1년 내내 한 번도 지각하지 않고, 결석하지 않고, 성실하게 학교에 간다. 왜 그렇게 하는가? 결석을 하면 불이익을 당한다는 것을 알고 믿기 때문이다. 자녀가 학교에 가지 않으려고 할 때 대부분의 부모들은 어떻게 하는가? 사정하기도 하고, 야단치기도 하면서 기어이 학교에 보내고야 만다. 늦으면 택시를 태워서라도 학교에 보낸다. 왜 그렇게 하는가? 학교에 가서 열심히 공부를 하면 좋은 대학에 진학하고 좋은 직장에 취업할 확률이 높아지기 때문이다. 그것을 믿기 때문에 부모들은 결석도 시키지 않고, 지각도 하지 않도록 택시를 태우고, 도시락을 싸서라도 어떻게든 학교에 보낸다.

만일 성도들이 이처럼 기도의 힘을 믿는다면, 하나님께서 반드시 내 기도에 응답해 주실 것을 믿는다면, 목사님이 교회에 오지 말라고 해도 기를 쓰고 교회에 나와서 기도할 것이다. 집에서 기도해도 괜찮다고 해도 교회에 와서 기도할 것이다. 기도의 능력을 믿는다면 마땅히 그렇게 할 것이다.

그런데 왜 하나님을 믿고, 하나님의 이름을 믿는다고 말하면서도 기도하지는 않는가? 그것은 하나님의 능력을 믿지 않기 때문이다. 하나님의 능력을 믿지 않기 때문에 기도하지 않는 것이다.

바빠서 기도할 수 없다고 말하는가? 거짓말이다. 아니 그렇게 바쁜데 어떻게 직장은 다니는가? 어떻게 학교는 다니는가? 삼촌도 돌아가시고, 할아버지도 돌아가시고, 1년 내내 집안 대소사가 그렇게 많은데 어떻게 6년 개근상을 받을 수 있는가? 어떻게 1년에 한 번도 지각도 하지 않고 결석도 하지 않는가? 인간성이 나빠도 너무 나쁜 것 아닌가? 부인이 아프거나 자식들이 아프면 병원에 데려다 주고 간호도 해야 하는데 남편들을 보라. 부인이 아프면 알아서 병원에 가라고 한 후 직장으로 출근한다. 왜 그렇게 하는가? 직장에 나가지 않으면 불이익을 당한다는 것을 알기 때문이다. 이 믿음이 확실하기 때문에 회사에 출근해서 일을 한다. 현실은 어렵고, 괴롭고, 쉬고 싶고, 놀고 싶지만 하루도 빠지지 않고 일한다. 이것이 그 사람의 믿음이기 때문이다.

도저히 이루어지지 않을 것 같은 기도라도 포기하지 말라. 포기하지 않고 기도하면 반드시 이루어진다. 오늘 아무 일이 일어나지 않아도, 내일도 여전히 아무 일이 없어 보여도 시간이 지나면 기도는 반드시 응답된다.

하나님을 믿는가?

기도의 능력을 믿는가?

하나님을 믿는다면 반드시 기도하라. 그리하면 이루시는 분은 하나님이시다.

낙망하지 말라

 하나님은 끊임없이 기도하라고 말씀하신다. 염려하지 말고 구하라고 말씀하신다. 낙망하지 말고 구하라고 말씀하신다. 쉬지 말고 기도하라고 말씀하신다.

이처럼 하나님이 간절히 반복해서 말씀하시는데도, 하나님께서 자신의 이름과 자신의 명예를 걸고 말씀하시는데도 기도하지 않는 것은 도대체 왜 그런가? 하나님의 능력을 완전히 무시하는 행동 아닌가?

나중에 하나님 나라에 가면 모든 사람에게 꿈꾸는 대로, 기도하는 대로, 이루어질 것을 모두 예비해 놓으셨지만 하나님을 믿지 않고, 구하지 않았기 때문에 하나님께서 주시지 못한 것들이 수도 없이 많은 것을 보고 놀라고 후회할 것이다.

하나님을 진실로 신뢰하고 믿고 나갈 때 하나님께서는 역사하시고 기적을 베풀어 주신다.

이 땅에서 무슨 일을 하든지 높은 목표를 세우고 넓게 입을 열어 기도하라.

노인이 대부분인 장년 23명 모이는 작은 교회에서 100명이 모이게 해달라고 하나님께 기도했다. 하나님이 원하시는 바램을 믿고 100명을 목표로 선포했지만, 정말 그런 일이 일어날 줄은 꿈에도 생각하지 못했다. 그러나 하나님께서 크게 입을 열라고 하셨으니까 최소한 100명은 정해놓자 생각하고 선포했다. 그리고 생각했다.

'안 되도 30명은 되고, 50명은 되겠지.'

그런데 그 기도가 3개월 만에 이루어졌다.

역사하시는 하나님을 경험하고 나니 진짜 큰 꿈을 갖게 되었다.

"하나님, 300명이 모이게 해주십시오."

집에 놀러온 친구 목사들에게 이 비전을 말했더니 막 웃는다.

"이 촌에 어디에서 300명이 올 건데?"

"교회당 다 헐고, 땅에 앉는다고 해도 300명이 앉을 수 없는데 어떻게 300명이 모일 건데?"

하나님께 이렇게 기도를 했다.

"하나님이 하시면 됩니다."

교회 주변에는 사람이 많이 살지 않아서 부산이나 진해에 가서 전도를 했다. 그런데 먼 곳에 사는 성도들이 차를 타고 오면 주차할 공간이 없었다.

"하나님, 3000평 대지를 주십시오."

교인들에게 살아계신 하나님께 대지 3000평을 주시고, 300명이 모이게 해달라고 기도하자고 했다.

교인들의 반응이 차갑게 술렁거렸다.

"강도사님이 우리교회가 100명이 모이게 되니까 눈에 보이는 것이 없나보네. 완전히 허풍선이가 되었네. 이제 땅을 3000평을 달라고 하지 않나, 300명이 모이게 해달라고 하지 않나…."

허풍선이라는 별명이 붙었다.

하지만 진짜 잘 된 일이라고 생각했다. 만일 인간적으로 이룰 수 있는 일이라면 사람들이 '어, 그렇게 해서 되었겠구나'라고 생각할 것이다. 그런데 안 된다고 하는 것을 보니 이 일은 하나님께서 이루시지 않으면 안 되는 일임을 알게 되었다. 그러니 하나님이 이루시면 하나님께서 영광 받으실 것 아닌가? 오히려 감사하게 됐다.

"주여! 3000평의 대지를 허락하여 주십시오."

간절히 기도했다. 그리고 몇몇 집사님들과 그 자녀들을 승합차에 태워서 을숙도로 갔다. 당시 을숙도에 가면 건물을 지으려고 3000평씩 블록을 구분 지어 길을 닦아놓은 곳이 있었다. 그 곳으로 데리고 가서 한 줄로 세워놓고 말했다.

"제가 지금 '주여!' 하고 외치면 여러분들은 손을 들면서 '3000평!' 하고 외쳐요."

"주여!"

내가 먼저 외쳤다. 그랬더니 사람들이 뻘쭘한 목소리로 외친다.

"3000평…."

목소리가 모기소리처럼 작았다.

그래서 확실하게 한번 해보자고 했다. 그제야 사람들의 목소리에 힘이 들어간다.

내가 먼저 외쳤다.

"주여!"

사람들이 소리친다.

"3000평!"

집사님들과 아이들이 외쳤다. 을숙도에 놀러온 사람들이 이상한 눈빛으로 우리를 보았으나 개의치 않았다.

지금은 청년이 된 아이들이 만나면 이렇게 말한다.

"목사님, 정말 꿈대로 되었군요."

교회 어르신들을 모시고 소풍을 가서는 해안선에 한 줄로 세워놓고 또 이렇게 말했다.

"장로님, 권사님, 집사님들! 제가 시키는 대로 하십시오. 제가 먼저 '주여!' 하면 '3000평!' 하는 겁니다."

내가 먼저 선창했다.

"주여!"

어른들이 하지 않으려고 한다. 그래서 농담 삼아 따라 하지 않으면 갈 때 배 태워주지 않고, 놔두고 간다고 말했다.

다시 외쳤다.

"주여!"

"3000평!"

사실 그 때만 하더라도 그 일이 정말 이루어지리라고는 생각지도 않았다. 그런데 지금 생각하면 '오히려 하나님께서 그것만 이루어주셨다면 어떻게 되었겠는가.' 아찔하다.

하나님은 우리에게 5000평을 주셨다.

지금은 주차장만 2000평이다. 500대의 차가 오더라도 주차요원들이 정리하면 한 번에 주차가 가능하다. 시내버스 한 대 다니지 않는 곳인데도 주일 아침이면 차가 너무 많이 들어와서 아무리 신호를 길게 해도 신호등 대기시간이 모자라 차들이 몇 번 신호를 받아야 겨우 주차장에 들어올 수 있게 되었다.

"네가 하나님을 믿는다면 목표를 낮추지 말고 네 입을 넓게 열고 구하라."

목표를 높게 세우고 먼저 하나님께 물어보라.

자신의 욕심을 위해서가 아니라, 하나님과 이웃을 위하여 큰 목표를 가지고 기도하면 하나님께서는 반드시 그 기도를 들어주신다.

100평도 되지 않던 교회, 그나마 땅의 반은 동네 도로로 포함된 작은 교회였다. 하지만 '우리에게 3000평을 주십시오'라고 기도했다. 그 때 모든 사람들이 도저히 이루어질 수 없는 일이라고, 허풍선이라고 말했지만 지금은 그들이 이렇게 말한다.

"목사님, 우리는 정말 복입니다."

3000평이 모자라 그 옆에 2000평을 더 구입하였는데 다 그린벨트 지역이었다. 그린벨트에는 집을 지을 수가 없고, 교회도 지을 수 없어 창고를 하나 지었다. 교회 모습이 이상하다.

"하나님, 그린벨트가 풀려야 합니다."

그런데 인천 영종도, 제주도와 부산 진해 광양에 경제특구가 지정되어 35년간 묶였던 그린벨트가 풀리고 전부 다 주거지역으로 지정되었다. 드디어 3000명이 동시에 예배를 드릴 수 있는 예배당을 지을 수 있게 되었다.

하나님께서 우리의 꿈보다 더 많이 이루어주셨다. 돈 한 푼 없는 할머니와 아이들이 진심으로 입을 넓게 열고 외쳐 기도할 때 그 기도를 들어주셨다. 3000평 달라고 기도했는데 5000평 주셨고, 또 300명만 달라고 기도했는데 그와는 비교도 안될 만큼 더 많은 수천 명의 성도가 함께 예배드릴 수 있도록 허락하셨다. 여기서 멈추지 않고 지금도 계속 매년 30% 부흥하고 있다.

우리교회 근처 25km지점에 네 개의 도시가 들어선다. 그래서 더 큰 목표가 생겼다.

"하나님, 우리의 목표는 더 큽니다. 이 정도 가지고는 안 됩니다."

예전에 부산의 한 대형교회에 집회 인도를 하러 간 적이 있다. 그 때 만난 그 교회 담임 목사님 말씀에 의하면 그 교회의 성도가 모두 24,000명이라고 했다. 그렇게 큰 교회에서 집회를 한 후 새로운 꿈이 생겼다.

"하나님, 그 목사님은 원래 똑똑하십니다. 그 똑똑하신 목사님의 교회에 24,000명이 모인다면 우리처럼 능력 없는 사람에게는 적어도 10만 명을 주셔야 하나님의 살아계심이 더 높이 나타나는 것 아니겠습니까?"

지금처럼 계속 30%씩 성장한다면 10년 뒤에는 10만 명이 모일 수 있다. 그래서 장로님들과 함께 이 계획을 구체화했다.

"장로님들, 우리가 살아 있는 동안에 이 일을 이루어 봅시다."

우리나라를 세로로 길게 반으로 나누면 동쪽에 해당하는 강원도, 경상북도, 대구, 부산, 경남은 그리스도인 비율이 10%가 채 되지 않는다. 울릉도만 90%이다. 반면 인천이나 군산, 순천과 같은 서쪽 지역은 그리스도인의 비율이 30-40%가 된다.

"하나님, 우리교회를 통해서 오른쪽에 있는 지역, 특히 부산 경남 지역이 20년 안에 그리스도인의 숫자가 30%가 되게 해주십시오."

어떻게 해야 이런 모든 꿈들이 단순한 구호에서 그치는 것이 아니라 현실이 될 것인가를 놓고 기도했다.

"하나님, 어떻게 해야 부산과 경남지역 사람들의 30%가 그리스도인이 될 수 있겠습니까? 순천도 되고, 군산도 되고, 인천도 되고, 서울도 되는데, 왜 우리는 안 됩니까? 우리도 얼마든지 될 수 있습니다. 같은 민족인데 왜 안 되겠습니까?"

왜 불신자들이 예수님을 믿지 않는가?

왜 교회로 나오지 않는가?

왜 예수님을 믿는 사람들을 싫어하는가?

사실 믿지 않는 자들에게 교회, 그리스도인들에 대한 선입견이 좋지 않다. 그래서 나는 그 오해와 편견을 없애기 위해 매년 50명씩 개안수술을 해드렸다. 그 다음에는 500명을 해드렸고 몇 년 전부터는 매년 1000명씩 수술을 해드리게 되었다. 신자이든, 불신자이든, 가리지 않고 우리교회에 올 필요도 없이 홈페이지에서 다섯 병원(부산, 김해, 창원, 마산, 진해) 가운데 한 군데를 정하기면 하면 누구든지 수술을 해주기로 했다.

극동방송에 이러한 취지를 전하고 광고를 했다. 그랬더니 이 소식을 듣고는 부산일보를 비롯한 각 언론사에서 정말 그렇게 하겠느냐고 물어본다. 그래서 지금까지 해왔던 자료들을 보여줬다. 그랬더니 각 언론에서 우리교회의 사역을 특집으로 실었다.

어찌 보면 참 작은 일인데 이런 일들이 특집으로 실렸다고 하는 것은 지금까지 교회에서 이런 일들을 하지 않는다는 반증 아닌가?

이렇게 몇 년 동안 하다보니 지역 주민들에게 교회 이미지가 참 좋아졌다. 우리교회를 다니지 않는 사람들에게도 좋은 이미지는 심어주게 되었다.

원래 그리스도인들은 참 좋은 사람들인데 그렇게 생각하지 않는 불신자들이 많다.

'기독교인들은 자기들끼리 잘 먹고 잘 살려고 해.'

몇몇 대형교회들이 힘을 합하여 사역을 감당하면 세상이 놀랄 일을 해낼 수 있을 것이라는 생각으로 나는 기도를 하고 있다. 한 해는 장애인들에게 전부 휠체어를 사주고, 또 한 해에는 모든 노인들에게 개안 수술을 해드리고, 또 한 해에는 보청기를 해드릴 수 있다. 이렇게 몇 년 만 하게 되면 전도의 문은 저절로 열리지 않겠는가?

일단 교회에 대하여 좋은 시각으로 바라보게 될 때 복음을 전하면 쉽게 전도가 된다. 그러니 작년 한 해만 그 좁은 지역에서 1700

명이 와서 590명이 세례를 받는 일이 가능했던 것이다. 이것을 확대해나가면 지역을 초월하여 얼마든지 30% 성도의 꿈을 이룰 수 있으리라 확신한다. 나는 틀림없이 가능한 일이라고 믿고 기도한다. 지금은 30%가 되기를 기도하지만, 나중에 가서는 이렇게 고백할 날이 올 것이다.

"하나님, 진짜 30%만 되었다면 어떻게 될 뻔했습니까?"

그 날이 속히 오기를 기대한다.

지금까지의 사역을 뒤돌아보면 아무리 큰 목표를 세워도 하나님께서 하시는 일은 늘 그 이상이었다. 그것을 미루어 볼 때 그리스도인의 비율이 30%가 되는 것을 놓고 기도하지만 하나님은 능히 50%도 가능하지 않을까 믿어진다.

왜 하나님께서 우리에게 직분을 주시고, 하나님의 교회를 섬기라고 하셨는가? 우리에게 주신 하나님의 사명이 있기 때문이다. 단 한 번 밖에 주어지지 않는 인생, 넓게 입을 열고 위대한 꿈과 목표를 가지고 하나님 앞에 나아가 하나님의 역사를 이루어 보라.

교회도 마찬가지다. 여기는 촌이니까, 도시니까, 아파트지역이니까, 불교가 센 곳이기 때문에, 지역 사람들이 강퍅하기 때문에… 핑계대지 말고, 상황을 변명하지 말고, 넓게 입을 열어 영혼 구원의 사명을 감당해 보라. 그런 것들은 하나도 신경 쓸 것이 못 된다.

로마제국 당시 로마 황제가 신이었다. '예수는 우리의 왕입니다'라고 말만 해도 죽임을 당했다.

"어디 예수가 왕이냐? 로마 황제만이 유일한 왕이지!"

그런 억압적이고 적대적인 환경 가운데에서도 하나님을 섬기고 헌신했던 사람들을 통해서 복음이 땅 끝까지 이르렀다. 그 때와 비교한다면 지금 우리가 복음 전하는 상황은 누워서 떡 먹기 아닌가?

역사물이나 전쟁물을 보면서 회개할 때가 있다. 나라를 지키려고 얼마나 많은 사람들이 전쟁터에 나가서 화살에 맞아 죽고, 돌에 맞아 죽는가? 때로는 장군을 지키기 위해서, 왕을 지키기 위해서 죽기도 한다. 그런 장면을 볼 때마다 이런 생각을 한다.

'자기 영혼을 책임지지 못하는 왕을 위해서, 한 나라의 군주를 위해서도 충성을 다하는 것을 저렇게 기쁘게 여기고 대신 죽으러 가는데 만왕의 왕이요, 날 위해 십자가에서 죽으신 그 예수 그리스도를 위해서 왜 헌신하지 못합니까?'

넓게 입을 열고 기도하면 하나님께서 복을 주시겠다고 약속하셨는데 왜 그것을 못하는가?

할 수 있다.

담임목사님들이 계획을 세우면 그것을 놓고 전력질주하라.

'안 됩니다.' '못합니다.' '바쁩니다.' 이런 소리는 하지 말라. 그런 말은 다 집어던져놓고 6개월이든, 1년이든, 온 교회가 집중할 때 반드시 배가의 역사는 일어난다. 한번 역사가 일어나서 가속도가 붙으면 병든 자가 낫고, 귀신이 떠나가는 온갖 기적들이 계속 일어난다. 하나님의 능력이 임한다. 하나님의 이름의 권세가 있게 되고, 예수님의 이름이 높아지게 된다.

자신에게 주어진 직분으로 어떻게 헌신해야 할 것인지, 어떻게 해야 하나님의 교회에 도움이 될지, 어떻게 해야 우리교회가 배가로 성장하고, 이 지역을 복음화 하는데 쓰임 받는 사람이 될 것인가 생각하며 철저하게 헌신할 때 하나님께서 그 사람을 복 주고, 복 주고, 또 복 주신다.

"나는 너를 애굽 땅에서 인도하여 낸 여호와 네 하나님이니 네 입을 넓게 열라 내가 채우리라 하였으나 내 백성이 내 소리를 듣지 아니하며 이스라엘이 나를 원하지 아니하였도다 그러므로 내가 그의 마음을 완악한 대로 버려 두어 그의 임의대로 행하게 하였도다" (시 81:10-12)

능력 있는 하나님께서 우리에게 명하신다.
"입을 넓게 열라! 지금이라도 내 말을 듣고 기도하면 내가 너희를 회복시켜 주겠다."

기도를 우습게 생각하지 마라. 직장은 결석 한번 하지 않고 소중히 여기면서 기도 빼먹는 것은 아무 일도 아닌 것처럼 하나님을 무시하는 교인들이 모여 이룬 교회이기 때문에 하나님의 교회임에도 불구하고 능력을 상실한 것이다.

하나님 아버지 앞에 헌신하는 것, 시간을 드리는 것, 물질을 드리는 것, 기도하는 것에 최선을 다하고, 목사님의 말씀이라면 하나님의 말씀처럼 순종해 보라. 그럴 때 그 교회에 새 생명이 부어지고 기적이 일어난다.

한 번만 헌신해 보자. 하나님은 당신에게 헌신한 사람을 결코 잊지 않으신다. 소자에게 냉수 한 그릇 떠준 것조차 잊지 않고 상주시는 하나님께서 헌신하는 자에게 반드시 갚아주시고, 복 주시고, 또 복 주실 것이다.

하나님의 능력을 믿고 하나님과 교회를 위한 위대한 꿈과 목표를 정하여 넓게 입을 열고 기도해 보라. 이렇게 기도하는 자가 어떻게 새벽기도를 드리지 않고 잠을 자는가? 하나님이 주실 복을 꿈꾸며 인생을 계획하는데 어찌 잠이 오겠는가?

시시한 꿈 말고, 위대한 꿈을 꾸라!

하나님이 이루실 위대하고 놀라운 꿈과 그렇지 않은 꿈은 당장 구별할 수 있다. 자신의 꿈을 다른 사람에게 말할 때 그들의 반응이 고개를 끄덕이면서 수긍한다면 절대로 위대한 꿈이 되지 못한다.

"내가 로마를 복음화시켜야 하겠다."

바울이 이 꿈을 말했을 때 주변 사람들이 뭐라고 했는가?

"웃기는 소리 하지 마라! 네가 언제 로마에 가봤다고 그런 말을 하냐?"

자신의 꿈을 다른 사람에게 말할 때 그들이 땅을 두드리며 박장대소하고 비웃는다면 그것이 진짜 위대한 꿈이다. 사람들이 정말 믿을 수 없다는 반응을 보여야 그것이 위대한 꿈이다.

우주를 품고도 남는 하나님을 믿고, 그분 앞에 위대한 꿈을 가지고 기도하라. 하나님께서는 분명한 목표를 세우고, 넓게 입을 열고 기도할 때, 우리교회의 한계 상황을 뛰어넘어 놀랍게 역사하셨다.

포기할 상황을 이겨야
리더십이 생긴다

 목회를 하다보면 꼭 하고 싶은 일인데 상황이 여의치 않아서 포기해야만 할 것 같을 때가 종종 있다.

성도들이 150여 명이 모이던 강도사 시절의 일이다. 한번은 기독교 계통 신문을 읽고 있는데 당시 과학기술부장관이셨던 정근모 박사가 서울 영락교회에서 집회한다는 광고가 눈에 띤다.

"정근모 박사님과 같은 분을 우리교회로 모실 수만 있다면 많은 사람을 초청하여 전도할 수 있을 텐데…."

하지만 우리교회는 부산 끝에 위치해 있고 게다가 교회도 작다. 그러니 그런 유명하신 분이 오려고 할 리가 만무하다. 불가능할 것이라 여기고 신문을 덮었지만 꼭 그 분을 모시고 싶은 마음이 떠나지 않는다. 기도하던 중 일단 연락이나 해보기로 결심했다. 안된다고 해도 본전이라는 마음으로 무작정 114를 누르고 장관실 전화번호를 물어보았다.

"우리 정근모 박사님을 잘 아십니까?"

"예? 그게… 아니고…."

"약속하셨습니까?"

"그게 아니고…."

"그럼, 뭡니까?"

"여기는 세계로교회인데요, 장관님을 모시고 간증집회를 하고 싶어 전화 드렸습니다."

"그래요? 교회는 어디에 있지요?"

"부산입니다."

"교인은 몇 명이나 됩니까?"

"약 150명입니다."

"담임목사님 성함은 어떻게 되십니까?"

"담임목사님은 없고, 강도사인 제가 담임 교역자입니다."

"일단 말씀은 드려 보겠습니다."

"네."

그것으로 끝이었다. 아무리 연락해도 그 다음에는 그나마 통화조차 되지 않았다. 이번에는 신문 광고에 실린 영락교회에 연락을 하여 장관님이 어느 교회를 다니는지 물었고 우여곡절 끝에 사택 전화번호까지 알아낼 수 있었다.

사실 여기까지 오는 데만 하더라도 포기할 일들이 많았으나 그냥 게임이라 생각하고 한낱 실오라기 같은 희망을 잡고 사택으로 전화를 걸어보았다.

사모님이 받으셨다.

자초지종을 말씀드렸더니 박사님께서 오시면 말씀은 드리겠지만 박사님이 수도권을 벗어나서는 한 번도 집회를 가신 적이 없으니 기대는 말라고 하셨다.

그 다음날 어떻게 되었는지 알아보기 위해서 전화를 걸었더니 자동응답기 소리가 들렸다.

"저는 세계로교회 손현보 강도사입니다. 박사님을 모시고 꼭 집회를 하고 싶습니다. 촌이지만 와주시면 너무 좋겠습니다."

그 다음날 또 전화했다. 또 자동응답기 소리가 들렸다.

나는 자동응답기에 또 녹음을 시켰다.

3일, 4일, 10일, 15일… 계속 녹음을 시켜 놓았다.

'안 되면 본전이지. 손해봐야 전화비 정도밖에 더 있겠나?'

이렇게 생각하고 두 달 가까이 그렇게 했다.

어느 날 주일 오후 제자훈련을 하고 있는데 전화가 왔다.

받아보니 수화기 너머로 저음의 목소리가 들려왔다.

"저, 정근모입니다."

"네? 누구시라고요? 정근모… 모르는데, 누구시지요?"

"저, 정근모 장관입니다."

"뭐라고요?"

그때서야 그분임을 알았다.

"오늘 주일 낮 예배를 드리고 집에 와서 차를 한 잔하는데, 집사람한테 강도사님 이야기를 처음 들었습니다. 2달 동안 집에 와서 자동응답기만 틀면 '세계로교회 손현보 강도사입니다'가 계속 나와서 너무 질기다면서 이야기하는데, 그 말을 듣는 순간 그 교회는 반드시 가야 되겠다는 생각이 들어 전화 드렸습니다. 원래 특별한 일이 아니면 수도권을 벗어나지 않습니다. 그러나 강도사님이 원하시는 날짜에 맞추어서 꼭 가겠습니다. 날짜를 잡아 주십시오."

달력을 보고 한 달 뒤에 오시면 좋겠다고 했다.

그리고는 수백 명의 주민을 초청하여 너무나도 은혜로운 간증 집회를 가졌다.

어촌 마을에 경찰차가 와서 길을 정리해 주고 너무나 뿌듯했다.

"포기란 없다. 안되면 본전이고…."

두 번째 교회를 지어 이사 갔을 때이다. 주민들을 초청하여 예배를 드리고 싶은데 한 여 집사가 우리교회에 지금 가장 뜨고 있는 서세원 씨 부인 서정희 씨를 모시면 어떻겠는가 묻는다. 서정희 씨가 예수님도 잘 믿고 간증도 은혜롭다고 했다.

방송국으로부터 시작하여 수많은 난관을 거쳐서 청담동 집 전화번호까지 알아내고는 전화를 했다. 서정희 씨가 직접 받았다. 우리교회 사정을 상세히 이야기했더니 착한 마음에 단번에 거절은 못하고 시간이 없어서 올 수 없다고 했다.

그 날 이후 이틀이 멀다 하고 전화를 했다.

"시간이 되십니까?"

"남편이 허락을 해야 되는데 방송 촬영으로 호주에 갔습니다."
"언제 오십니까?"
"잘 몰라요."
또 전화를 드렸다.
"돌아오셨습니까? 텔레비전에는 출연하시던데…."
"남편이 오기는 했는데 담임 목사님이 허락하셔야 합니다."
"교회가 어디입니까?"
"믿음의 집이고 전가화 목사님이십니다."
또 전화를 했더니 이번에는 목사님을 만나 뵙지 못했다고 했다. 하지만 포기하지 않고 계속 전화를 했고 서정희 씨는 처음 거절하지 못한 탓에 3개월 뒤에 집회 날짜를 잡아주게 되었다.

성도들이 많은 주민들을 초청했다.

서정희 씨와 서세원 씨가 함께 왔다. 쫙 달라붙는 바지를 입고 온 서세원 씨가 이렇게 묻는다.

"아! 강도사님, 이사람! 촌에서… 기가 차네. 우리에게 사례할 돈 있어요? 교회 다 팔아도 안 되겠는데…. 우리가 클럽에 가서 한 시간만 뛰면 3000만 원 이상 받아요. 그런데 이 촌에서 돈도 한 푼도 없어 보이는 사람이 그렇게 끈질기게 전화를 해요? 돈 있어요?"

"없는데요."

기가 죽어 있자 웃으며 이렇게 말했다.

"농담이에요. 이 촌에 무슨 돈이 있겠어요. 저녁이나 줘요."

저녁을 먹은 후 간증집회를 가졌는데 서정희 씨가 간증을 마치기도 전에 서세원 씨가 강대상으로 나와서 기대하지도 않은 간증을 해주었다. 순식간에 회중을 웃기고, 울리고… 참으로 감격스러운 시간이었다.

그분들은 잊었을지도 모르지만 나는 지금도 고마운 마음을 가지고 그분들을 위해서 기도한다.

사람들은 너무 쉽게 '안 된다', '못 한다'고 말한다. 하지만 나는 그런 말을 들을 때마다 다시 되묻는다.

"실천해보기는 했습니까?"

상황 때문에 포기하지 말라! 진심으로 대하면 대부분의 사람들은 도와주려고 한다.

한번은 친구들과 함께 흰돌산 기도원에서 열리는 목회자 세미나에 참석했다. 그 기도원이 연세중앙교회 기도원인지, 연세중앙교회가 어디 있는지, 윤석전 목사님이 누구신지 전혀 몰랐다. 그런데 저녁 집회 때 윤석전 목사님께서 5시간 설교를 하시는데 너무 큰 은혜를 받았다.

그래서 그 분을 우리 교회 집회에 모시려고 계획을 세웠다.

기도하고 전화하고…, 드디어 윤석전 목사님과 찬양단과 관계자들이 우리교회까지 오셨다.

열정을 다하는 설교, 수십 명이 최선을 다하여 드리는 찬양, 게다가 우리교회에 부담을 주지 않으려고 쌀 한 톨 부식 하나 모두 직접 준비해서 손수 해 드셨다. 뿐만 아니라 윤석전 목사님은 교회당 안 창고 방에서 주무셨고 집회를 마치고 돌아가실 때에도 일체 사례를 받지 않으셨다.

그 모습을 뵈면서 나도 그 날 이후 지금까지 어디를 가서 무슨 집회를 하든지, 세미나를 인도하든지 사례를 받지 않는다. 심지어 외국에 가서 집회를 할 때에도 모든 비용을 우리 교회에서 다 부담했다. 또 교회에서도 장례식이나 결혼 등 주례를 설 때도 돈을 받아본 적이 없다. 목회를 하는 동안 그렇게 살기로 결심했고 실천에 옮기고 있다.

포기하지 않으면 길이 있고, 기도하면 하나님은 다 들어주신다.
알고 보면 신앙생활은 너무나 쉽다.
응답하실 때까지 기다리면 되고, 열릴 때까지 두드리면 되고, 찾을 때까지 찾으면 된다.
이러한 역사를 직접 경험하다 보니 언제 부터인가 우리교회 성도들의 입에서 '안 된다', '못 한다', '할 수 없다'와 같은 부정적인 말들이 사라져 버렸다.
포기할 수밖에 없는 상황이 생겨도 포기하지 않고 반드시 이루어 낼 때 리더십이 생기고, 교회는 하나가 되어 반드시 성장할 것이다.